POR UN FUTURO RURAL

Innovación, renacimiento rural y nuevos itinerarios de desarrollo en la Argentina pospandemia

MARCELO SILI

POR UN FUTURO RURAL

Innovación, renacimiento rural y nuevos itinerarios de desarrollo en la Argentina pospandemia

Editorial Biblos

Sili, Marcelo
Por un futuro rural: innovación, renacimiento rural y nuevos itinerarios de desarrollo en la Argentina pospandemia / Marcelo Sili. - 1a ed. - Ciudad Autónoma de Buenos Aires: Biblos, 2021.
145 p. ; 23 x 16 cm.

ISBN 978-987-691-982-1

1. Desarrollo Rural. I. Título.
CDD 304.6

Diseño de tapa: Luciano Tirabassi
Foto de tapa: Katy Balzi
Armado: Lucila Domínguez

Pasaje José M. Giuffra 324 (C1064ADD), Buenos Aires
info@editorialbiblos.com / www.editorialbiblos.com.ar
Hecho el depósito que dispone la ley 11.723
Impreso en la Argentina

Esta primera edición fue impresa en Imprenta Dorrego,
avenida Dorrego 1102, Buenos Aires, República Argentina,
en septiembre de 2021.

A mi padre, trabajador incansable de la tierra.

A todos aquellos que sueñan que una nueva Argentina rural es posible.

Agradecimientos

Al Departamento de Geografía y Turismo de la Universidad Nacional del Sur, al Laboratorio Dynamiques Rurales de la Université Toulouse Jean Jaures (Francia), al Center for Development Research (ZEF) de la Universidad de Bonn (Alemania) y al proyecto Erasmus Earth por el apoyo permanente a mis proyectos de investigación y reflexión.

Numerosos colegas y amigos contribuyeron a forjar estas ideas y reflexiones sobre el mundo rural, a través del diálogo, sus correcciones, el contrapunto de ideas, y sus testimonios de vida. A todos ellos les agradezco su invaluable esfuerzo, especialmente a Roberto Bustos Cara, Roberto Torrado, Ricardo Thornton, Gustavo Valente, Andrés Kozel, Luciana Romano, Eduardo Nuesch, Eduardo Roumec, Mariano Pla, Nélida Sotelo, Federico Santangelo, María del Carmen Carrizo, Hugo Passamano, Victoria Paternó, Juan Sanguinetti, Agustín Bastanchuri, Martine Dirven, Carolina Meiller, Gustavo Churin, Daniel Huarte, Fernando Tomasi, Eduardo Trigo, Juan Miguel Massot, Martine Guibert, Fabio Moschen y Roberto Bisang. Un agradecimiento eterno a Héctor Braidot, que ya no está con nosotros, pero que fue cómplice de tantas ideas sobre el futuro rural.

Finalmente un profundo agradecimiento a mi familia, con quienes cotidianamente debatimos y pensamos nuevas ideas y perspectivas sobre el futuro rural de la Argentina.

Índice

Prólogo
Martine Dirven 13

Introducción 15

1. La Argentina, un país diverso con grandes desequilibrios territoriales 23
1. La amplitud y la organización territorial 23
2. Las formas de distribución de la población 26
3. Los desequilibrios económicos y productivos 31
4. Los intentos por equilibrar el territorio 36

2. Campos y pueblos en un país de ciudades 39
1. Una compleja geografía rural 40
2. La modernización y el crecimiento agropecuario 51
3. Sobre el éxodo y el debilitamiento del tejido social rural 54
4. Las consecuencias ambientales del modelo de modernización 58
5. La deslocalización de la renta 61
6. Las políticas y las prácticas de desarrollo rural no alcanzaron a revertir los problemas del mundo rural 63

3. Algo nuevo está pasando en la Argentina rural 67
1. La nueva migración hacia el campo y los pueblos 70
2. La creación de nuevas redes y formas de gestión del territorio 76
3. La recuperación y la valorización del patrimonio y la identidad 79
4. La emergencia de una economía rural más compleja y diversificada ... 81

4. El nuevo modelo de organización y desarrollo de los territorios rurales 89
1. Territorios con identidad 90
2. Territorios innovadores 92
3. Territorios con un poblamiento equilibrado 94
4. Territorios con ambientes y paisajes sustentables y resilientes 96
5. Territorios con infraestructura y servicios organizados según una lógica de calidad de vida y arraigo 100
6. Territorios con sistemas productivos innovadores y diversificados 103
7. Territorios con tierra y agua gestionados para garantizar la sostenibilidad social y productiva 108
8. Territorios con capacidad de construir sus propias dinámicas de desarrollo 110

5. Una agenda para la innovación, el renacimiento y el desarrollo de los territorios rurales 113
1. Construir un nuevo modelo de planificación y gobernanza del desarrollo 114
2. Educar, innovar y crear una nueva cultura rural 117
3. Organizar y equipar los territorios rurales 122
4. Modernizar y diversificar los sistemas productivos 127

Ideas finales 133

Bibliografía 139

Prólogo

*Martine Dirven**

Con Marcelo Sili nos hemos encontrado, a lo largo de los años, en distintas reuniones sobre desarrollo rural. Siempre me ha impresionado su amplia y profunda comprensión del medio rural y su gran capacidad para resumir situaciones complejas y entrelazadas en un par de palabras o esquemas.

Este libro es un real *opus magnum* que plasma su pensamiento –después de muchos años de investigación y reflexión– sobre el contraste entre el fuerte crecimiento y dinamismo productivo basado en la explotación de los recursos naturales y la crisis de varios territorios rurales, con altos niveles de pobreza, falta de acceso a infraestructura y servicios básicos, y emigración, sobre todo de jóvenes. Lo atribuye, entre muchos otros factores, a una deslocalización de la renta.

Sin embargo, hoy, vislumbra un potencial quiebre de esta trampa del progreso, gracias a nuevas dinámicas e innovaciones que permiten pensar en otro modelo de desarrollo para los territorios rurales, un modelo capaz de articular modernización y desarrollo productivo, por un lado, con identidad, arraigo, calidad de vida, por el otro, y nuevas formas de producir y de consumir, de relacionarse con la naturaleza y de organizar los territorios.

* Especialista internacional en desarrollo rural. Exfuncionaria de Naciones Unidas entre 1977 y 2009 (PNUD/Bogotá, ONUDI/Viena, DTCD/Nueva York y Cepal/Santiago). En Cepal fue jefa de la Unidad de Desarrollo Agrícola y estuvo a cargo de la División de Desarrollo Productivo y Empresarial.

El autor expresa sus ideas con fuerza en un texto lúcido y profundo, ameno, bien escrito, apoyado en una amplia bibliografía y que no deja casi ningún aspecto del desarrollo rural fuera de análisis.

Y si bien el libro aborda la realidad argentina, con un poco de matices e imaginación, sirve para entender el desarrollo rural de las últimas décadas en gran parte de América Latina. Asimismo, sus recomendaciones también aplican más allá de las fronteras argentinas.

Leí el libro tomando notas de las ideas que me parecían importantes para relevar en este prólogo. Tuve que abandonar este propósito, porque anoté casi todo. Recomiendo su lectura a todas las personas medianamente o muy interesadas en el desarrollo rural y, ¿por qué no?, también a los demás, esperando que quizá se entusiasmen con la idea de repensar lo rural –incluyendo los pueblos y las pequeñas ciudades– y de fomentar políticas que apunten a lo rural como territorios de vida, innovadores, con una economía dinámica, compleja y diversificada, con un fuerte vínculo con la naturaleza y que, a la vez, valoricen su patrimonio y recursos, cuiden su medioambiente y paisajes, y apoyen el desarrollo desde lo endógeno.

El autor visualiza el territorio como un modelo polinuclear, conformado por redes de pueblos y ciudades de distinto tamaño, distribuidas en forma equilibrada en el territorio, y el diseño de la estrategia a seguir como una tarea colectiva, colaborativa y transversal, con participación desde las provincias y los municipios, hasta los organismos científicos y tecnológicos, las organizaciones de la sociedad civil y los sectores productivos, con el fin de llegar, entre otros, a pactos productivos locales.

Marcelo Sili concluye que, para transformar radicalmente la imagen tradicional de la ruralidad, se requiere una actitud disruptiva. Esto es necesario para convertir las áreas rurales en territorios de llegada, de permanencia de la población, de arraigo, de orgullo y de sentido de futuro, y dotarlas con las condiciones necesarias para ello. El autor dedica un quinto de su libro a propuestas de políticas y acciones para lograr esta ruralidad futura diferente.

Introducción

Este libro se ocupa de la Argentina rural, de ese vasto espacio en el que se alternan campos, pueblos, pequeñas ciudades, cultivos, ganado, montes, praderas, sierras, montañas. Territorios que se caracterizan por la presencia dominante de la naturaleza, la producción agropecuaria y otros productos derivados de los recursos naturales, y las bajas cantidades y densidades de población. Estos territorios, que históricamente vivieron al ritmo de la producción agropecuaria pero muchas veces marginados de las dinámicas de progreso y desarrollo, hoy se están transformando notablemente. Quieren dejar de ser territorios olvidados y marginados, para convertirse y aceptarse como territorios de riqueza, de innovación, de progreso, donde hombres y mujeres puedan construir un proyecto de vida, lugares donde nacer, vivir y morir.

Este libro nos invita a reflexionar sobre los cambios que se están produciendo en el mundo rural de la Argentina, y sobre las posibilidades de construir futuros diferentes. Nos hallamos frente a un momento histórico, de ruptura entre los tiempos propios de la modernidad en los que se creía que el progreso humano era producto y monopolio de la ciudad y la industria, y un futuro en el que la naturaleza, la tierra, la agricultura, el patrimonio cultural, el conocimiento y las relaciones de vecindad se vuelven riqueza y permiten construir otros múltiples itinerarios de desarrollo. Así, el mundo rural que durante tanto tiempo fue un territorio del olvido hoy alberga nuevas esperanzas; a pesar de las dificultades, emerge como un elemento sustantivo en la vida nacional, como un factor clave del futuro del país.

Lo rural no es solamente la agricultura.

Lo rural es un tipo de territorio que incluye campos con sus múltiples actividades productivas, pero también pueblos y pequeñas ciudades. Para definir los territorios rurales y diferenciarlos de otros tipos de espacios, los países establecen criterios que toman en cuenta alguna característica particular, como pueden ser la población, las formas de administración, el tipo de producción predominante o el tipo de infraestructura y equipamiento disponibles. La Argentina utiliza el criterio demográfico, y define como rural a los territorios donde la población vive dispersa en el campo y en localidades de menos de 2.000 habitantes.[1] Según este criterio, en la Argentina rural vive menos del 9% de la población total. A partir del criterio demográfico, nadie dudaría en afirmar que el campo, con sus parcelas cultivadas o su ganado y con muy pocos habitantes, es claramente un espacio rural. Sin embargo, surgen problemas cuando consideramos los pueblos y las ciudades. ¿Cuándo un pueblo o una pequeña ciudad puede ser considerado como rural? ¿Es "más rural" un pueblo de 1.800 habitantes que uno de 2.500 o que una localidad de 15.000 habitantes que produce bienes y servicios ligados a la producción agropecuaria? Esta discusión no es exclusiva de la Argentina, sino que se plantea en todo el mundo, especialmente en las últimas décadas, cuando la fuerte movilidad de las personas y el desarrollo de las comunicaciones modificaron los criterios para establecer los límites territoriales entre lo rural y lo urbano.

Para salir de esta trampa en la que nos encierra el criterio demográfico, en este libro nos inclinamos por una mirada muy amplia de lo rural, que no considera solo el número de habitantes. Así, definimos los territorios rurales como el vasto espacio geográfico conformado por campos, pueblos y también pequeñas ciudades, donde las personas mantienen relaciones de proximidad cotidiana unas con otras y un vínculo estrecho con la naturaleza, y donde predominan las actividades primarias, el procesamiento y los servicios ligados a ellas (agricultura, ganadería, agroindustria, prestación de servicios, turismo, etc.). Así, una pequeña ciudad que alcanza los 20.000 o 30.000 habitantes, si bien mantiene una estructura

1. Instituto Nacional de Estadísticas y Censos (Indec), "Glosario de términos estadísticos".

y funciones urbanas, puede ser considerada parte del mundo rural, ya que por su forma de organización sociocultural y su fuerte dependencia económica y funcional de los campos y pueblos vecinos está inmersa en una dinámica rural. Sin embargo, esto varía de acuerdo con las características de cada región, la distancia entre las ciudades y las vías de comunicación, la cultura local, entre otros factores. Según este criterio amplio, en la Argentina lo rural abarca más del 90% del territorio nacional e incluye a más del 30% de la población total del país. Los límites demográficos que diferencian lo urbano de lo rural son convenciones técnicas y político-administrativas; lo verdaderamente importante, entonces, son las formas de organización de la sociedad, los modos de producción y empleo, el tipo de relación que se establece con la naturaleza, la identidad de su gente y la dinámica del territorio en general.[2]

Desde los tiempos de la organización nacional los territorios rurales de la Argentina, con sus parcelas, pueblos, pequeñas ciudades, infraestructura y equipamiento, eran territorios de vida para cientos de miles de familias, que trabajaban en la agricultura, el comercio, los servicios o las pequeñas industrias. Muchas veces estos territorios se organizaron y evolucionaron en función de la capacidad de producir bienes primarios (carne, trigo, soja, algodón, entre otros), destinados mayormente al mercado internacional. Paulatinamente, a lo largo del siglo XX el mundo rural fue abandonando su sentido de territorio de vida, de lugar para vivir, donde hombres y mujeres pudieran construir un proyecto vital, para transformarse en un territorio destinado solo a la producción de bienes primarios. Las dificultades para acceder a la tierra y la lógica de industrialización y migración urbana debida al proceso de sustitución de importaciones contribuyeron al abandono de lo rural. Esta tendencia continuó hasta nuestros días, en los que los territorios rurales se han consolidado como simples espacios, muchas veces sin gente, dedicados a la producción y la exportación.

Para comprender lo que está sucediendo hoy en el mundo rural de la Argentina hay que tener en cuenta los grandes cambios a nivel mundial

2. M. Sili, R. Bustos Cara y M. Guibert, *Atlas de la Argentina rural*, Buenos Aires, Capital Intelectual, 2015.

y nacional. Las diferentes reformas económicas con ajustes, descentralización y desregulación, matizadas por otras de intervención y control estatal de diferente índole, generaron una pérdida de rentabilidad en las actividades agropecuarias, lo que encadenó grandes transformaciones, como el aumento de las escalas productivas para sostener las explotaciones, el cambio de actividades y la incorporación de nuevas prácticas, tecnologías y sistemas de gestión. Estos cambios, que coincidieron con períodos de altos precios internacionales de los bienes primarios (agrícolas, mineros, etc.), permitieron un aumento notable de la producción de bienes primarios y agropecuarios en especial, consolidando lo que varios autores definen como "modelo superproductivista"[3] en diversos sectores agropecuarios (cereales, oleaginosas, vid, caña de azúcar, entre otros), pero también en torno a la minería. No obstante, al mismo tiempo se perdieron empleos, desaparecieron cientos de miles de pequeñas explotaciones agropecuarias, continuó el éxodo rural debido a la falta de oportunidades de progreso, se produjo una ruptura del tejido social que sustentaba la vida rural, se acrecentaron los problemas sociales en numerosas localidades de todo el país, disminuyó la biodiversidad y se perdió infraestructura por falta de mantenimiento. Una consecuencia evidente de todo ello es que el mundo rural dejó de ser un lugar atractivo para vivir, especialmente para las generaciones más jóvenes, que no encuentran en él oportunidades para su desarrollo, sino que lo viven como una suerte de cárcel de la que es necesario escapar.

Las dinámicas de crecimiento productivo, por un lado, y de pérdida de oportunidades de desarrollo y de calidad de vida, por el otro, no son las mismas en todo el país. La geografía rural argentina es extremadamente diversa y compleja: los cambios sociales y productivos fueron muy diferentes en el monte chaqueño, en las quebradas y los valles, en los oasis mendocinos, en la meseta patagónica y en la pampa.

Nos hallamos, entonces, ante una gran paradoja de la Argentina: a pesar del crecimiento de la producción derivada de los recursos naturales, los territorios rurales continuaron perdiendo población y en muchas

3. M. Mackay y H. Perkins, "Making space for community in super-productivist rural settings", *Journal of Rural Studies*, 68, 2019: 1-12.

zonas la pobreza rural se mantuvo o creció, lo que puede ser señalado como una "trampa del progreso". Esta trampa nunca pudo ser resuelta, ya que los viejos y los nuevos problemas de los territorios rurales no aparecieron en las agendas políticas como asuntos urgentes y estratégicos. Diversas razones explican esa ausencia.

En primer lugar, los territorios rurales siguen invisibilizados. La Argentina se mira a sí misma desde las grandes ciudades y considera lo rural y al interior en general como el patio trasero del país, un espacio semiabandonado, aburrido, un lugar que no ofrece oportunidades para construir un proyecto personal, que se ocupa o se vacía según el capricho de los mercados o la necesidad de transferir recursos para sostener otras dimensiones de la vida nacional. En un país donde el 90% de su territorio está constituido por áreas rurales y naturales, esta mirada constituye una verdadera paradoja.

La segunda razón es la aceptación generalizada, y bendecida por múltiples actores públicos y privados, de que más allá del impacto negativo que el modelo superproductivista pudiera tener sobre los territorios rurales, el país debe consolidar aún más la lógica del aumento de la producción y las exportaciones, ya que las divisas generadas por las diferentes actividades del mundo rural (agropecuarias, mineras, forestales) son cada vez más necesarias. Existiría una clara aceptación de que lo rural es un territorio de sacrificio que le permitiría al país generar los recursos necesarios para entrar al mundo del desarrollo.

La tercera razón es de carácter político. De manera sistemática, las políticas y los recursos fiscales se orientan mayormente a solucionar los problemas urbanos, ya que es allí donde radican los mayores conflictos políticos y de gobernanza y donde se construye el poder electoral. Las políticas públicas para los territorios rurales no han logrado impulsar mejoras en la calidad de vida de sus habitantes, pues en definitiva el desarrollo de los territorios rurales no ha ocupado un lugar destacado en la agenda política argentina. Se mira a la ciudad (y a la industria) como único objeto de política pública; lo rural sigue siendo claramente residual, solo un lugar de donde extraer recursos, lo que consolida el histórico círculo vicioso de sacar de un lado (los espacios rurales) para poner en otro (las ciudades), cuya única consecuencia es consolidar la lógica de concentración de población y de desequilibrios territoriales del país.

A las razones políticas y económicas es necesario agregar un elemento clave, transversal, de carácter cultural, que perdura desde principios de siglo XX: la asociación de lo rural con tres imágenes o representaciones estereotipadas, sustentadas en el desconocimiento de la realidad rural. La primera imagen o estereotipo asocia lo rural con la histórica oligarquía agropecuaria, y supone que todos los productores agropecuarios son seres desalmados que solo piensan en aplicar agroquímicos y en ganar cada vez más dinero. La segunda imagen presenta al poblador rural con menos capacidades, educación o habilidades para desempeñarse en un mundo dinámico, comparado a los habitantes de las ciudades, más atrevido, rápidos, y astutos. La tercera imagen asocia lo rural al desierto, un lugar donde nada ocurre y que no invita a ser habitado porque en él no es posible construir un futuro. Estas imágenes del mundo rural argentino lo ubicaron aún más en el plano simbólico de lo no deseado, un mundo de retraso que solo cumple la función de productor de bienes primarios por parte de algunos, o un lugar de esparcimiento y tranquilidad frente a un mundo urbano en crisis. Es evidente que esta mirada sobre el mundo rural y sus habitantes impidió su reconocimiento como territorios y ciudadanos plenos de derechos. Así, lo rural sigue siendo invadido desde la ciudad por un proyecto conquistador y extractivo, y los pobladores rurales permanecen ignorados, o peor aún... olvidados.

Estas situaciones muestran que la Argentina no ha logrado modificar la mirada sobre su territorio; el país permanece atado a viejos paradigmas de desarrollo basados en la industria y en la modernización urbana; todo lo que está más allá no tiene valor, si no es el de generar los recursos que se requieren para financiar al Estado. Es claro que este paradigma, tal como fue pensado desde mediados de siglo XX, ya ha dado claras muestras de agotamiento e incapacidad para construir un futuro equilibrado en el país.

Sin embargo, no todo está perdido.

La gran novedad de las últimas décadas es que en las áreas rurales están surgiendo dinámicas y procesos innovadores que podrían contribuir a crear un nuevo paradigma o modelo de desarrollo rural siempre y cuando se diseñen e implementen las estrategias y las acciones correctas. Muchos de estos elementos remiten al orden social y cultural: la migración de familias, jóvenes y jubilados hacia los campos, pueblos y pequeñas ciudades, el fortalecimiento de la identidad y la cultura rural, la creciente preocupación y el interés por el ambiente y un estilo de vida más cercano a la naturaleza, la revalorización del patrimonio sociocultural y gastronómico, la recuperación de pueblos, la generación de proyectos de protección del paisaje y el hábitat, etc. Muchos otros elementos remiten a la producción y el empleo, entre ellos, la profunda modernización de la agricultura, la emergencia de una nueva economía del conocimiento y de servicios altamente innovadores en torno a la producción agropecuaria, la visibilización y el reconocimiento de la importancia de la agricultura familiar como productora de alimentos y dinamizadora de la vida rural, la creación de nuevos productos y la generación de mayor valor agregado, la preocupación y la generación de prácticas productivas más sustentables, iniciativas bioeconómicas y de valorización de biomasa, todos ellos asentados en la revolución de las ciencias de la vida, y muy especialmente en nuevas miradas en torno de la naturaleza y el respeto de los saberes y las características de los territorios.

La hipótesis que planteamos en este libro sostiene que todos estos procesos innovadores en marcha, junto con la pandemia de covid-19, están generando cambios estructurales en el funcionamiento de las sociedades, las economías, las instituciones y los territorios que abren las puertas a la construcción de una nueva etapa histórica en la organización y la dinámica del mundo rural argentino. El nuevo mundo rural que podría emerger se caracterizaría por conciliar sólidos procesos de innovación, modernización y crecimiento productivo con nuevas formas de relación con la naturaleza, con una mayor calidad de vida rural, una identidad rural revalorizada y, sobre todo, con la generación de oportunidades de desarrollo personal, lo que garantizaría el repoblamiento y la dinamización del mundo rural.

Este libro pretende analizar y explicar estas dinámicas emergentes, definir algunas ideas y características del nuevo modelo de desarrollo posible para el mundo rural argentino, y, a partir de allí, proponer ideas capaces de abonar el camino hacia su concreción. Así, estas páginas no ambicionan ni pretenden generar un diagnóstico total sobre la compleja realidad rural de la Argentina, pues ya existen cientos de trabajos con diagnósticos claros y bien fundamentados sobre ella, sino que se plantea como una contribución general a la reflexión sobre las problemáticas rurales de la Argentina y sus posibles alternativas de desarrollo.

El libro recorre varios capítulos, a partir de los cuales podemos comprender la dinámica actual del mundo rural, los procesos innovadores en marcha y, finalmente, nuestra propuesta y agenda para construir un nuevo modelo de desarrollo rural. Claramente, el cambio de modelo de organización y desarrollo de las áreas rurales es una tarea que excede a los gobiernos y a los organismos técnicos; se trata de una tarea colectiva, a la cual invitamos a sumarse, de manera de poder construir otro modelo de país que tendrá en los territorios rurales un ámbito privilegiado de riqueza, cultura, identidad y oportunidades de progreso humano.

1. La Argentina, un país diverso con grandes desequilibrios territoriales

Existe una imagen tradicional de la Argentina que la presenta como un país muy extenso, con numerosos climas y paisajes, vastas y fértiles llanuras, ciudades inmensas muchas veces rodeadas de pobreza. Todo esto es cierto, pero hay más.

La Argentina es un país profundamente desequilibrado. Desde sus orígenes, muchas de sus ciudades, especialmente Buenos Aires y la región metropolitana, concentran el mayor porcentaje de población. Con el tiempo, este desequilibrio poblacional se tradujo en desequilibrio económico, de oferta de empleo y de calidad de vida. No es lo mismo vivir en un barrio rico de las ciudades de Buenos Aires, Mar del Plata, Salta o Córdoba que en el medio del Chaco salteño, la meseta patagónica o la selva misionera. Los desequilibrios son territoriales y se reflejan en las oportunidades de las personas para progresar y mejorar sus vidas.

Existen cuatro aspectos del territorio argentino que permiten entender la geografía rural del país: la amplitud y la organización territorial, las formas de distribución de la población, los desequilibrios económicos, y los intentos por equilibrar e integrar el territorio.

1. La amplitud y la organización territorial

La República Argentina es un país extenso en términos de superficie. En su sector continental americano alcanza los 2.791.810 km2; de norte a sur, de Ushuaia a la Quiaca, tiene una extensión máxima de 3.700 kilómetros, y de este a oeste de 1.423 kilómetros (figura 1). Por su superficie, el país ocupa el octavo lugar entre las naciones del mundo y el cuarto entre las de América. Su territorio equivale, aproximadamente, a cuatro veces el de Chile, dieciséis veces el de Uruguay y un tercio del de Brasil. Al estar ubicada en el extremo sur del continente americano, la Argentina ocupa una posición estratégica: comparte fronteras con cinco países, lo que le brinda importantes ventajas comerciales; tiene un extenso frente marítimo en el océano Atlántico, lo que le asegura una gran fuente de riquezas, y se encuentra en el vértice del continente, lo que le permite mantener un vínculo estrecho con los países de la fachada atlántica, la fachada pacífica y con la Antártida. Debido a su extenso despliegue latitudinal, el territorio argentino presenta una extraordinaria variedad de climas, paisajes, ecorregiones y biomas. Todos ellos han sido aprovechados de muy diversas maneras, especialmente para la producción agrícola, ganadera, forestal y minera. Esta amplia diversidad ambiental constituyó un factor clave en el desarrollo del país a lo largo de su historia.

La Argentina se organiza como un país federal, integrado por veintitrés provincias y la Ciudad Autónoma de Buenos Aires (sede de la Capital Federal). Las provincias son autónomas y tienen sus propias constituciones, leyes e instituciones que rigen en sus respectivos territorios (figura 2). A su vez, estas se subdividen en jurisdicciones menores denominadas departamentos o partidos –designación que cambia según la provincia–, que presentan diferentes sistemas de administración y gestión territorial. Más allá de esta organización formal, en diversos momentos históricos y por razones diversas el país se dividió en regiones que constituyen agrupaciones de provincias sin un carácter formal o institucional, pero con una fuerte identidad y visibilidad para la población. Si bien a lo largo del tiempo la clasificación regional ha cambiado, en este libro se trabajará con las siguientes regiones:

- Región pampeana: incluye a la Ciudad Autónoma de Buenos Aires y a las provincias de Buenos Aires, Santa Fe, Córdoba, Entre Ríos y La Pampa.[1]

1. Aunque la provincia de La Pampa se encuentra por ley dentro de la región Patagonia, se la incorpora a la descripción de la dinámica rural de la región pampeana ya que conforma parte de la dinámica funcional rural y agropecuaria de esta región.

- Región noroeste: incluye las provincias de Jujuy, Salta, Tucumán, Catamarca, La Rioja y Santiago del Estero.
- Región noreste: incluye las provincias de Misiones, Corrientes, Formosa y Chaco.
- Región Cuyo: incluye las provincias de Mendoza, San Juan y San Luis.
- Región Patagonia: incluye a las provincias de Neuquén, Río Negro, Chubut, Santa Cruz y Tierra del Fuego, Antártida e Islas del Atlántico Sur.

Figura 1. Localización de la República Argentina

Fuente: Instituto Geográfico Nacional.

Figura 2. Regiones, provincias y departamentos de la República Argentina

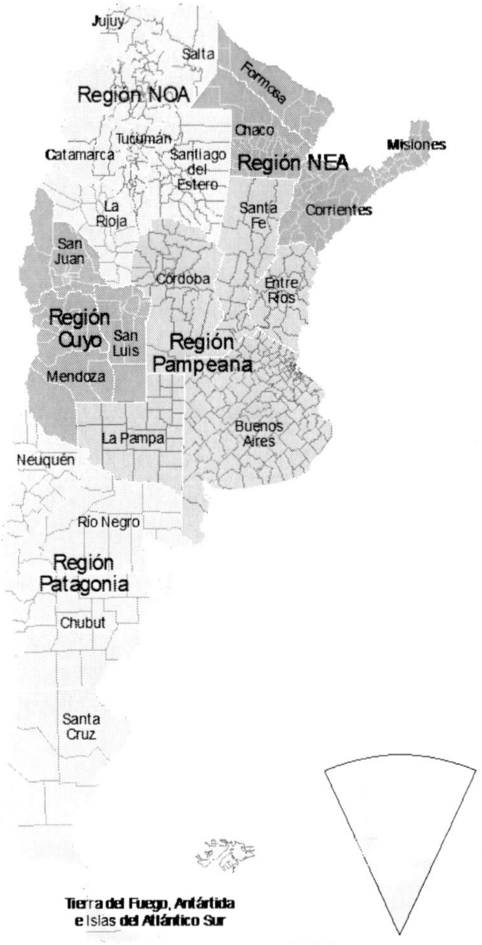

Fuente: Instituto Geográfico Nacional.

2. Las formas de distribución de la población

Este vasto territorio cuenta con alrededor de 45 millones de habitantes, lo que coloca a la Argentina en el puesto 32.º entre los países más poblados del mundo y en el cuarto en América Latina. Uno de los rasgos demográficos más destacados del país es la desigual distribución de la población en el territorio nacional, fenómeno que puede observarse en la distribución absoluta de la población por departamento (figura 3), y en la representación de las provincias en forma proporcional a la cantidad de habitantes (figura 4). Las mayores concentraciones de población se localizan en la región pampeana, especialmente en el eje La Plata-Buenos Aires-Rosario-Córdoba y en las principales ciudades regionales y provinciales (figura 5). El resto del territorio presenta una población muy escasa y centros urbanos de diferentes tamaños ligados mayormente a la prestación de servicios para las zonas rurales.

Figura 3. Población de la Argentina por provincia

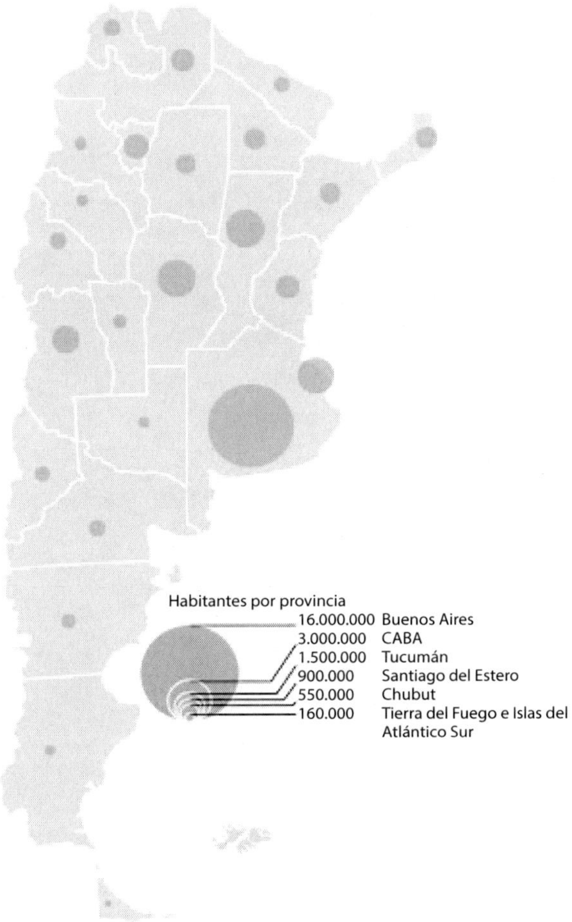

Fuente: Indec, Censo Nacional de Población, Hogares y Viviendas 2010.

Figura 4. Mapa isomórfico de la población argentina

Fuente: elaboración propia basada en información del Indec, Censo Nacional de Población, Hogares y Viviendas 2010.

Figura 5. Red urbana de la Argentina

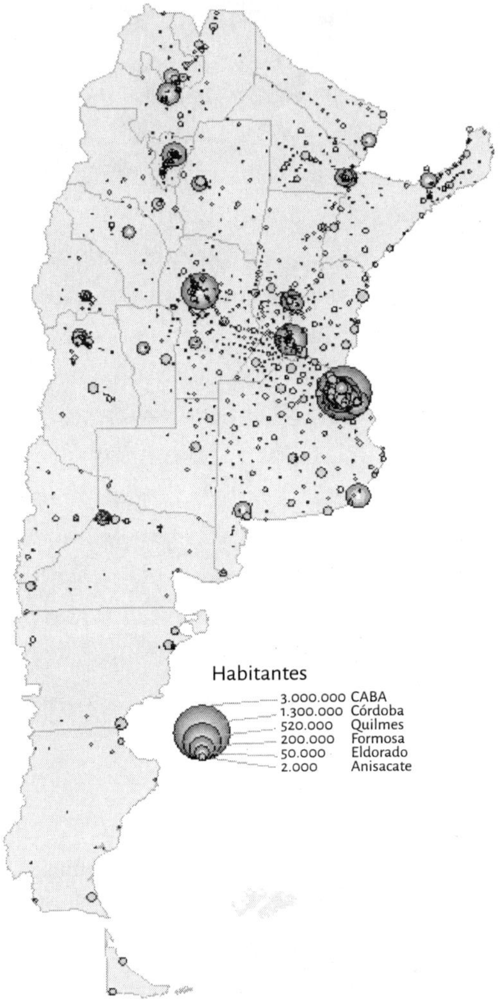

Fuente: Indec, Censo Nacional de Población, Hogares y Viviendas 2010.

El otro elemento demográfico característico de la Argentina es la alta tasa de urbanización, según los criterios adoptados por el Indec. En efecto, oficialmente en la Argentina se define como urbana a la población que habita en localidades de más de 2.000 habitantes; bajo ese criterio, el 92% de la población total de la Argentina es urbana. Mientras el 50% de la población vive en ciudades de más de 500.000 habitantes, solo el 8% habita en pueblos de menos de 2.000 habitantes o dispersos en el campo (alrededor de 3,5 millones de habitantes). Según se desprende de estas cifras, la Argentina tiene tasas de urbanización muy superiores al promedio mundial (aproximadamente, el 54%), lo que la convierte en el país más urbanizado de América del Sur. Si nos atenemos a este criterio oficial, de base demográfica, la Argentina es un país urbano o, en su defecto, un país muy poco rural.

No obstante, si se adoptan criterios más amplios, tal como lo planteamos en este libro, podemos afirmar que la Argentina es un país mucho más rural de lo que señalan las estadísticas oficiales de población, sea por el tipo de espacios predominantes, por las formas de vida, por las formas de relación con la naturaleza y con el campo en general. Sin embargo, es muy difícil validar en términos cuantitativos esta afirmación ya que el país no cuenta con criterios y métodos de clasificación territorial que permitan dar cuenta de la gran diversidad de tipos de territorios rurales, tal como lo han hecho otros países y muy especialmente la Organización para la Cooperación y el Desarrollo Económicos (OCDE).[2] No obstante, y en un intento de simplificación y a los efectos de este trabajo, planteamos dos escenarios alternativos de definición de lo rural, complementarios al escenario demográfico oficial, que ubica a la Argentina como un país netamente urbano.

Un escenario alternativo plantea que si se considera como rural tanto a la población que vive en forma dispersa en el campo como a la que habita en localidades de hasta 10.000 habitantes ubicadas en un contexto

2. La OCDE ha establecido una categoría de territorios, según su gradiente urbano rural, sobre la base de tres criterios: 1) la densidad de población (una comunidad se define como rural si su densidad poblacional es inferior a los 150 habitantes por km^2); 2) según el porcentaje de la población que habita en comunidades rurales (rural, si más del 50% de su población habita en comunidades rurales; urbana, si menos del 15% de la población habita en comunidades rurales, e intermedia, si la proporción de la población que habita en comunidades rurales varía entre el 15% y el 50%); 3) el tamaño de los centros urbanos: este criterio permite generar una tipología muy efectiva de tipos de territorios, y además permite estandarizar y comparar a los países entre sí, siempre y cuando exista información estadística de calidad. En muchos países como Chile y Colombia, por ejemplo, se han seguido criterios similares con muy buena repercusión en términos de definición de niveles de ruralidad. La falta de información de población actualizada y desagregada, y la ausencia de criterios homogéneos entre provincias de las unidades político-administrativas (departamentos, partidos, municipios, comisiones de fomento, entre otras) no han permitido avanzar en la Argentina con criterios más sofisticados de definición y delimitación de lo urbano y lo rural. Ver M. Dirven, *Nueva definición de lo rural en América Latina y el Caribe*, Santiago de Chile, FAO, 2019.

rural, cuyas economías y dinámicas se vinculan con la producción primaria, y las industrias y servicios asociados a ellas, y en un estrecho contacto con la naturaleza, la población rural llegaría a los 6,5 millones de habitantes (el 16% de la población total). La adopción de este criterio permite incorporar un conjunto importante de localidades (pueblos y pequeñas ciudades según los criterios del Indec) que son claves en la organización y la dinámica de los territorios rurales.

Otro escenario alternativo podría plantear un criterio más amplio aún, incorporando a las ciudades de aproximadamente hasta 30.000 habitantes como parte integrante del mundo rural. Esta incorporación se justifica pues estas pequeñas ciudades mantienen una relación directa con el medio rural, por el tipo de economía que desarrollan, por su rol de prestación de servicios y por las formas de relación cotidiana con lo rural. Ejemplos claros de este tipo de localidades son Coronel Suárez (Buenos Aires), Avellaneda y Las Parejas (Santa Fe), General Alvear (Mendoza), Mercedes (Corrientes), Las Lomitas (Formosa), Quitilipi (Chaco), Esquel (Chubut), General Acha y Realicó (La Pampa), Santa María (Catamarca), Rosario de la Frontera (Salta), Marcos Juárez (Córdoba), entre muchas otras más. Bajo este criterio más amplio, y más cercano a las nuevas propuestas internacionales, la población rural de la Argentina alcanzaría un poco más de 11 millones de habitantes (aproximadamente el 30% de la población total).

Sin abandonar totalmente el criterio demográfico, pero con una mirada más amplia de la realidad territorial, se puede revertir entonces esta idea de que la Argentina es un país urbano, y reconocer que se trata de un país mucho más rural de lo que las estadísticas oficiales plantean. Nuevas estrategias de definición y clasificación territorial, similares a las planteadas por la OCDE, y que tengan en cuenta la nueva relación campo-ciudad, permitirían mejorar este enfoque, dando cuenta de la complejidad territorial de la Argentina.

3. Los desequilibrios económicos y productivos

El desequilibrio demográfico se acompaña de un profundo desequilibrio en el producto bruto interno (PBI) y el empleo. El PBI de la Argentina, según datos de la Comisión Económica para América Latina y el Caribe (Cepal), a 2018, alcanza aproximadamente los 400.000 millones de dólares, lo que la ubica en el tercer lugar en América Latina. La administración pública, la defensa, la seguridad, la educación y otros, junto con la intermediación financiera y el comercio, alcanzan aproximadamente el 56% del producto. El sector secundario participa con el 17 % del PBI. En él se destacan la producción de automóviles, químicos, textiles y alimentos, y la producción metalúrgica y siderúrgica. La agricultura y la forestación representan menos del 10% del PBI, pero la mayor parte de las exportaciones (figura 6). Mas, como se dijo anteriormente, un elemento distintivo del producto bruto y el empleo es el fuerte desequilibrio, tal como lo presenta la figura 7. En términos absolutos, nuevamente es la región pampeana –en particular, la ciudad de Buenos Aires– la que tiene el mayor peso en la economía nacional.

Figura 6. PBI por sector

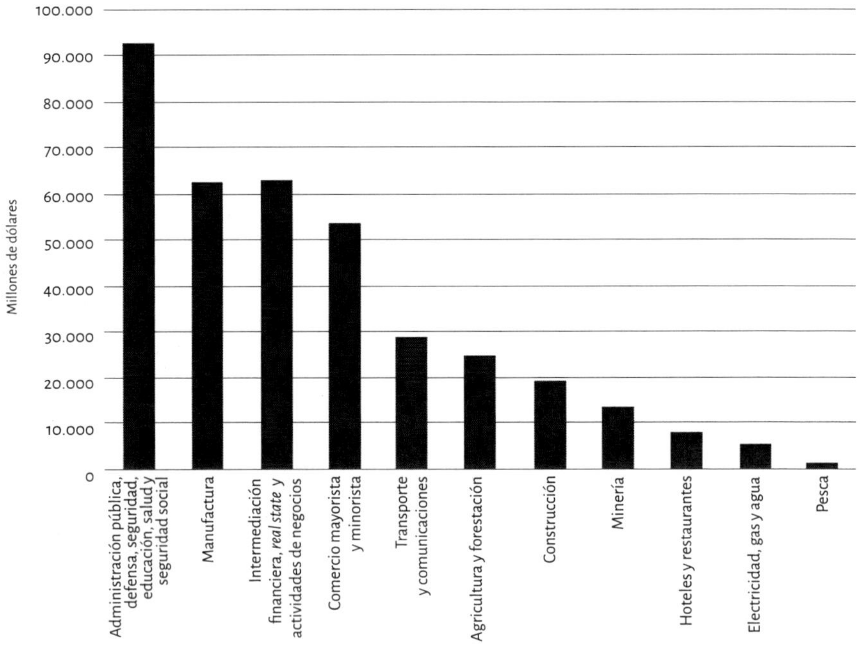

Fuente: Indec, Censo Nacional de Población, Hogares y Viviendas 2010.

Más allá de la estructura del producto bruto interno (denominado producto bruto geográfico, PGB, cuando hace referencia a cada provincia), la geografía económica de la Argentina es muy heterogénea. Sobre la base de información suministrada por la Cepal,[3] podemos reconocer cinco grandes tipos de áreas productivas:

Figura 7. Mapa anamórfico del producto bruto geográfico (PBG) por provincia

Fuente: elaboración propia basada en información del Indec, Censo Nacional de Población, Hogares y Viviendas 2010.

1) Áreas dinámicas de producción diversificada, con una fuerte dotación de servicios y centros de investigación y desarrollo (I&D). Se caracterizan por contar con complejos productivos muy integrados que desarrollan actividades y productos con una fuerte presencia nacional. Cuentan con abundantes recursos naturales, servicios urbanos de alta complejidad,

3. Cepal, *Complejos productivos y territorio en la Argentina: aportes para el estudio de la geografía económica del país*, Buenos Aires, 2015.

capacidad logística, acceso a mercados y, especialmente, centros científicos, tecnológicos y universidades que forman recursos humanos para el desarrollo de actividades innovadoras. Estas áreas se localizan en la región pampeana y otros nodos regionales. Estas son:

1. Nodos Salta y Jujuy
2. Nodos Tucumán
3. Centro de Córdoba
4. Centro de Entre Ríos y de Santa Fe
5. Cinturón industrial nodos La Plata-Rosario
6. Llanura pampeana este
7. Llanura pampeana oeste
8. Faja turística bonaerense

2) Áreas altamente productivas especializadas, con sólidas redes empresariales y de innovación. Como en el caso anterior, son áreas muy dinámicas, caracterizadas por la presencia de centros urbanos importantes y una capacidad logística y científico-tecnológica de alto nivel. Sin embargo, en este caso se trata de territorios de menor superficie, conformados como resultado de la implementación de sistemas de riego artificial. Poseen sistemas productivos integrados y muy especializados, muchas veces en productos de alto valor y fuerte presencia en el ámbito nacional. Estas áreas se localizan principalmente en los oasis de riego más dinámicos de Cuyo y la Patagonia. Estas son:

1. Oasis del Gran San Juan
2. Oasis Mendoza Norte
3. Oasis Mendoza Centro
4. Oasis del Alto Valle de Río Negro y Neuquén

3) Áreas dinámicas con potencial de desarrollo pero moderado I&D. Se caracterizan por una estructura productiva diversificada, con complejos dinámicos ligados al mercado interno y a la exportación. Cuentan con abundantes recursos como para generar proyectos productivos de importancia. Sin embargo, su nivel de desarrollo científico y tecnológico es mediano o bajo. Estas son:

1. Llanura chaqueña húmeda norte
2. Umbral al Chaco
3. Llanura chaqueña húmeda sur

4. Mesopotámica central
5. Suroeste de Misiones y noreste de Corrientes
6. Centro-oeste de Misiones
7. Nodo Corrientes y Resistencia
8. Nodo Clorinda-Formosa

4) Áreas con disponibilidad de recursos naturales e infraestructura productiva pero escaso dinamismo. Presentan condiciones similares a la categoría anterior, aunque son menos dinámicas y sus actividades tienden a especializarse en torno a uno o dos complejos productivos. En general, la disponibilidad de recursos naturales, como agua y suelos de calidad, es menor y su capacidad de I&D es limitada. Estas son:

1. Tartagal-Orán
2. Valles y serranías de Salta y Catamarca
3. Valles y serranías de Catamarca y La Rioja
4. Centro de Santiago del Estero
5. Esteros del Iberá-Corrientes
6. Noreste de Misiones
7. Valle San Juan
8. Delta entrerriano
9. Bahía Samborombón-Buenos Aires
10. Valle medio de Río Negro
11. Valle inferior de Río Colorado
12. Valle inferior de Río Negro
13. Valle inferior del río Chubut
14. Franja cordillerana Patagonia norte
15. Tierra del Fuego

5) Áreas marginales de limitada capacidad científica y tecnológica. Se trata de microrregiones que poseen la menor dotación de recursos naturales y, en muchos casos, déficit de agua. Se encuentran alejadas de los mercados y en general no cuentan con dispositivos científicos y tecnológicos que les permitan generar fuertes procesos de innovación. Aquellas que poseen recursos estratégicos de alto valor no han logrado desarrollarlos. Estas son:

1. Cordillera norte (puna)
2. Quebrada de Humahuaca
3. Chaco seco

4. Sur de Santiago del Estero-norte de Córdoba
5. Alta cordillera cuyana
6. Franja árida centro-oeste
7. Franja turística de Córdoba y San Luis
8. Cinturón industrial nodos Mercedes-San Luis
9. Payunia y valle superior del río Colorado
10. Centro-norte de Neuquén
11. Las Coloradas (centro-sur de Neuquén)
12. Centro-sur de Río Negro y centro de Chubut
13. Franja cordillerana de Chubut
14. Nodo Comodoro Rivadavia
15. Área petrolera Comodoro Rivadavia
16. Franja cordillerana sur patagónica
17. Sur de Santa Cruz
18. Cordillera norte (puna)

La figura 8 presenta cada una de estas áreas en el contexto nacional. Esta distribución de áreas con mayor o menor dinamismo productivo tiene un vínculo estrecho con las condiciones naturales de base, los recursos estratégicos y las formas de organización social.

4. Los intentos por equilibrar el territorio

Sin lugar a dudas puede afirmarse que el territorio argentino presenta fuertes desequilibrios que se expresan en la coexistencia de áreas integradas con un fuerte crecimiento y vastos territorios de baja densidad poblacional y escasa integración territorial. Se trata de un país fuertemente orientado hacia el corredor fluvial-industrial Paraná-de la Plata, principal aglomeración de producción y consumo, que conserva el histórico modelo de concentración pampeana, con serios problemas de congestión y degradación en las zonas nucleares. Estos grandes desequilibrios territoriales también se manifiestan en términos de oportunidades de desarrollo humano y calidad de vida: además de afectar el desarrollo de las zonas marginales, actúan como factores que profundizan las condiciones de desigualdad.

Figura 8. Áreas de desarrollo productivo en la Argentina

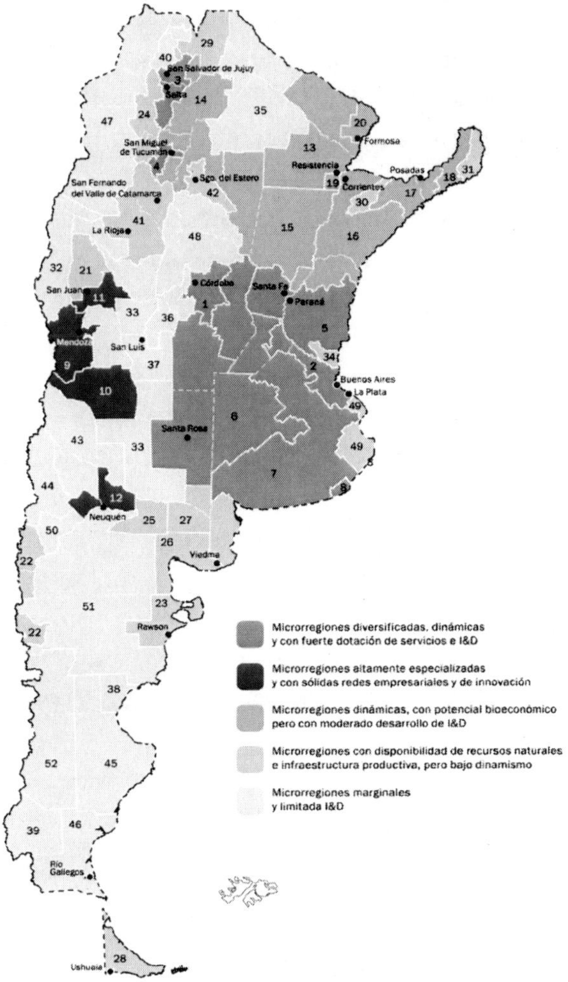

Fuente: elaboración propia basada en información suministrada por la Cepal.

Frente a estas problemáticas, la Argentina no ha logrado en su historia reciente diseñar e implementar una política eficaz y sostenida de planificación y organización territorial. Por el contrario, el territorio se fue organizando en gran medida como resultado de la inercia de los procesos locales y la lógica del mercado, que actuaron en función de la demanda de nuevas tierras para la producción agropecuaria o del avance urbano, sin una visión de conjunto ni estrategias claras.

Uno de los obstáculos más importantes para construir un mayor equilibrio territorial ha sido la fragmentación y la desarticulación de las iniciativas de planificación y gestión. Este fenómeno se observa tanto entre los organismos y los actores de un mismo nivel político-administrativo como entre los que pertenecen a diferentes niveles (nación, provincias y municipios). Muchas veces las iniciativas de carácter territorial son encaradas por múltiples y diversos organismos que trabajan sobre temas similares para un mismo territorio en forma autónoma e independiente. Esto se ve agravado por el hecho de que el sistema político funciona con estructuras administrativas heredadas de principios de siglo XX, caracterizadas por una lógica estatal jerárquica y vertical. Al mismo tiempo, la ausencia de mecanismos que articulen las acciones de los ministerios, las secretarías y las direcciones limita el trabajo coordinado y la colaboración mutua. En este contexto, lejos de ser abordada como un tema clave de las políticas públicas, la problemática territorial se convierte en un terreno de disputa, desde donde muchas veces los diferentes actores intentan construir poder para consolidar otros tipos de proyectos personales.

A la fragmentación político-institucional se le suma la carencia de un marco legal que encuadre las políticas y las estrategias territoriales. Si bien la Argentina ha avanzado en la definición de un Plan Estratégico Territorial,[4] la ausencia de una ley nacional de ordenamiento territorial torna imposible sostener a largo plazo cualquier propuesta operativa de planificación y gestión territorial. Solo unas pocas provincias han logrado avanzar en estrategias coherentes que incluyen marcos legales y estructuras técnicas adecuadas.

Estas dificultades y la ausencia de una estrategia clara y sistemática de organización territorial a nivel nacional, capaz de generar nuevos equilibrios, no solo afectan el presente del territorio, sino que hipotecan el futuro de territorios y paisajes en todo el país.

4. El Plan Estratégico Territorial de la Argentina fue la única experiencia nacional ordenada, con carácter federal, con instrumentos y propuestas consensuadas entre las provincias, para generar un modelo territorial más equilibrado e integrado. Por diversas razones políticas e institucionales que no se analizan aquí, dicho proceso quedo trunco a partir del año 2019.

2. Campos y pueblos en un país de ciudades

Los desequilibrios territoriales de la Argentina, con sus zonas ricas y sus zonas pobres, no son fruto del azar; por el contrario, son una consecuencia de las formas en que se construyeron las dinámicas de desarrollo productivo, siempre en estrecha relación con los modos de inserción de la Argentina en el comercio nacional e internacional de bienes primarios. Sucesivos ciclos productivos fueron conformando paisajes, modos de producción y formas de habitar el territorio, muy diferentes. Así, la geografía rural argentina es extremadamente diversa y compleja.[1]

Más allá de las diferencias regionales, en líneas generales y de una manera muy simplificada se puede afirmar que el ciclo productivo actual se caracteriza por un fuerte dinamismo que le permite a la Argentina insertarse exitosamente en los mercados internacionales de bienes primarios o de bienes de consumo alimentarios. Pero también, y debido a la falta de estrategias complementarias de desarrollo, no se han podido construir territorios más ricos, diversos y equilibrados, ya que persisten problemas ambientales y de abandono de lo rural. Nos encontramos, así, en una suerte de "trampa del progreso", en la que el crecimiento agropecuario no puede traducirse en desarrollo territorial. Frente a esta situación, múltiples actores intentan poner en marcha políticas y prácticas que generen dinámicas más sinérgicas y permitan construir nuevos equilibrios ambientales, sociales y territoriales.

1. Una descripción exhaustiva de la organización y la dinámica de los espacios rurales de la Argentina puede encontrarse en M. Sili, R. Bustos Cara y M. Guibert, *Atlas de la Argentina rural.*

En las páginas siguientes analizaremos las dinámicas del mundo rural y las respuestas ensayadas para resolver los desequilibrios y problemas que aún persisten. Sin embargo, previamente es necesario hacer un recorrido por la vasta geografía rural argentina para entender cómo se organizan las diferentes regiones rurales del país.

1. Una compleja geografía rural

Históricamente, el campo argentino se organizó según una lógica de expansión territorial, es decir, de ocupación de los vastos espacios de las diferentes regiones en búsqueda de nuevos recursos y tierras donde producir, especialmente para los mercados internacionales. La expansión territorial estuvo acompañada por el desarrollo de nuevas actividades y sistemas productivos, una trama de poblamiento en campos y pueblos, y vías de comunicación trazadas con el objetivo central de transportar los productos. De este modo se conformó un modelo de organización y desarrollo de la Argentina subordinado en gran parte a los cambios y los ciclos de los mercados internacionales de bienes agropecuarios. Cuando el precio internacional de un producto subía, se dinamizaba la producción, se invertía en infraestructura y equipamiento, los ingresos de la población se incrementaban y, en términos generales, se potenciaba el desarrollo de la región. Cuando el valor de ese producto disminuía, los territorios se orientaban hacia otras actividades productivas o entraban en crisis. En la actualidad, un ejemplo de esta dinámica es la producción de soja, que se expande según un modelo de organización productiva y territorial que asegure o garantice la competitividad del producto en el mercado internacional.

Las condiciones naturales y los sucesivos ciclos productivos, con mayor o menor estabilidad y permanencia, fueron definiendo diferentes trayectorias y una geografía rural extremadamente rica y diversa. Una mirada regional permite apreciar con claridad este fenómeno.

La región noreste (NEA) se caracteriza por un mosaico de paisajes de clima subtropical en los que se combinan selvas, esteros, pastizales y bosques secos. Desde fines de siglo XIX, la colonización y ocupación de las áreas rurales de esta vasta región se manifestó en sucesivos ciclos productivos, todos ellos basados en una economía primaria y extractiva de base agropecuaria y forestal: el ciclo del tanino, el del algodón, el de la yerba mate, y el ciclo sojero a partir de la década de 1990. Aunque con características diferentes en las provincias que la integran, la región fue atravesando etapas de expansión, estancamiento, decadencia y fragmentación que seguían el pulso de los ciclos productivos, muy dependientes de la demanda y de los precios de los productos en los mercados nacional e internacional.

En las últimas décadas, los sistemas productivos de la región adoptaron un modelo típicamente pampeano, cada vez más controlado por grandes empresas que aplican sistemas de gestión más modernos. Los principales cultivos son la soja, el girasol y el algodón, aunque también se destacan el arroz, el tabaco y la horticultura de regadío. Se distribuyen en diferentes áreas, pero sobre todo en el centro y el oeste chaqueño, y en el centro y este de Misiones, ambas zonas de vieja colonización agraria europea. La superficie destinada a estos cultivos aumentó considerablemente desde los años 90, sobre todo la correspondiente a soja y girasol en el Chaco y, en menor medida, la de tabaco en Misiones. Los cultivos perennes, como los cítricos, la yerba mate, el té se concentran en Misiones y Corrientes y también la banana y otros cítricos en Formosa. La ganadería se practica en áreas de pasturas, pastizales naturales y cañadas de las provincias de Corrientes, Chaco y Formosa. Por su parte, la actividad forestal experimentó un gran desarrollo, especialmente en Misiones y Corrientes. El modelo productivo forestal se asienta en grandes empresas de origen nacional y extranjero que destinan áreas de pastizales o de bosques nativos al establecimiento de plantaciones de coníferas y eucaliptos para la producción de pasta de celulosa y madera. La gran expansión de la superficie forestada provoca fuertes conflictos con el sector productivo familiar y campesino, especialmente en Misiones, donde la forestación con especies exóticas, como el pino y el eucalipto, acelera la pérdida de la biodiversidad. Los bosques naturales también constituyen una fuente importante de recursos madereros (maderas del monte chaqueño y de la selva misionera), sobre todo para la fabricación de muebles y carpintería en general. Como consecuencia, las áreas de selva y de monte que se concentran en el centro y el norte de Misiones, y en el oeste del Chaco y Formosa se encuentran en pleno proceso de deforestación.

Si bien la mayor parte de la población vive en las principales ciudades de la región, como Corrientes, Resistencia, Formosa y Posadas, el número de personas que habita en los campos y los pueblos de diferente tamaño se mantiene elevado. La densidad de población rural en la región es la más alta del país, especialmente en las áreas de cultivos industriales intensivos, como algodón, yerba mate, té, tung, caña de azúcar y cítricos. Al mismo tiempo, la escasez o el exceso de humedad en algunos espacios donde se desarrollan actividades ganaderas, forestales o turísticas determinan una muy baja densidad demográfica. Tal es el caso del Chaco seco, hacia el oeste, una de las regiones más pobres del país, y de la zona de los Esteros del Iberá, en el interior de Corrientes. La discontinuidad y la dispersión de la población explican el porqué de los escasos habitantes de muchos pueblos que cumplen funciones muy reducidas y de baja complejidad relacionadas con la prestación de servicios. En este contexto, otros rasgos dominantes de la población rural de la región son los altos niveles de necesidades básicas insatisfechas (NBI) y el éxodo permanente de población joven debido a la falta de oportunidades de empleo y de mejora de la calidad de vida.

El noroeste argentino (NOA) es una región notablemente heterogénea. Desde el este, donde se extiende la llanura chaqueña, el relieve comienza a elevarse hacia el oeste, pasando por las sierras subandinas, la cordillera oriental y las sierras pampeanas, hasta culminar en el desértico altiplano puneño y la línea de volcanes y cerros que marcan el límite con Chile. Esta gran diversidad de relieves define diferentes tipos de climas y una vegetación muy variada.

Luego de la llegada de los conquistadores españoles, los territorios rurales de la región se organizaron sobre la base del poblamiento precolombino. Las nuevas ciudades y las haciendas fueron la base de esa organización, cuya columna vertebral era el camino que desde Córdoba se dirigía hacia el norte pasando por Tucumán, Salta, Jujuy y la quebrada de Humahuaca hasta llegar al Alto Perú. Las formas de dominación impuestas por los españoles diezmaron a la población originaria. Por eso, al final del período colonial la región se había convertido en un territorio mucho más despoblado que el hallado por los conquistadores en la segunda mitad del siglo XVI.

La población se mantuvo aislada en las ciudades y en las haciendas, con una economía basada en la producción de subsistencia y el trueque. Luego de la independencia y hasta mediados del siglo XIX, las ciudades de la región se estancaron, como consecuencia de la pérdida de gran parte de sus funciones económicas y políticas. Mientras el país se organizaba en torno a la región pampeana, con Buenos Aires y su puerto en el centro, el noroeste pasó a ocupar un lugar marginal. Muchos años después, diferentes ciclos económicos y sistemas productivos terminaron de definir la organización de los territorios rurales y de la región en general. Desde comienzos del siglo XX se desarrollaron sucesivamente los ciclos de la caña de azúcar y del tabaco y, en las últimas décadas, el cultivo de cítricos y una agricultura del tipo pampeano, especialmente la producción de porotos y soja.

La población rural de la región vive en sus parcelas y en los pueblos. Los datos muestran un marcado contraste demográfico: mientras los valles y los oasis del eje San Miguel de Tucumán-Santiago del Estero registran las mayores concentraciones poblacionales con densidades que van de 10 a más de 50 hab./km2, el oeste árido montañoso y la puna presentan índices de menos de 1 hab./km2. En la actualidad, la población rural no emigra de la región como en épocas anteriores, sino que los movimientos poblacionales se producen mayoritariamente hacia los centros urbanos más grandes o a las capitales de las provincias que la integran.

Desde el punto de vista productivo, la región se destaca por el cultivo de soja (con un aumento sustancial desde los años 90, especialmente en el Chaco salteño, Santiago del Estero, Tucumán y Catamarca) y girasol. El algodón, el tabaco y la caña de azúcar completan el grupo de cultivos anuales. El gran desarrollo de la producción de soja y girasol en la región aceleró el proceso de desmonte indiscriminado y masivo, y el avance sobre áreas ocupadas por campesinos o indígenas con economías de subsistencia, lo que provocó numerosos conflictos por la tierra y el agua. También es muy importante en la región la horticultura (tomate, morrón, ají y cebolla, entre otros) y la producción de legumbres (poroto). Los principales cultivos perennes son los cítricos (limón), el olivo y la vid, que se localizan en Salta (vid), Tucumán (limón y arándanos), Catamarca (olivos, vid y nueces) y La Rioja (olivos, vid y nueces). Todos ellos requieren de riego artificial. La actividad ganadera se desarrolla en las áreas de pasturas y pastizales naturales de la región. Si bien se aplican diferentes sistemas productivos, desde el punto de vista territorial predomina el sistema extensivo, de baja carga animal, en tierras de muy baja productividad. La producción más importante es la de bovinos, que se localiza en los valles y las áreas con disponibilidad de pasto. En los últimos años, la actividad también se desarrolló en zonas cercanas a las grandes ciudades gracias al engorde intensivo o *feedlot*. Por su parte, la ganadería caprina ocupa un lugar destacado en las áreas de montaña.

La actividad forestal en la región tiene un desarrollo muy limitado. Las mayores inversiones en la implantación de bosques comerciales se realizan en las áreas de explotación petrolífera del norte de Salta, y en algunos valles y zonas de Tucumán y Catamarca.

Un rasgo sobresaliente que caracteriza la región es la existencia de profundas diferencias entre los sistemas productivos implementados. Por un lado, se encuentran los más capitalizados, dedicados a la producción ganadera, frutícola, sojera y cañera; por el otro, el mundo de la agricultura familiar, integrado por pequeños productores que destinan lo que producen tanto a la subsistencia como a la comercialización. Estos productores combinan el cultivo de hortalizas, flores, papas y quinoa con la ganadería nómade y, también, con el trabajo asalariado en la zafra azucarera o en algún otro tipo de actividad agrícola. La población rural vive dispersa en el campo o se concentra en los pequeños pueblos de la región. Aunque intentó modernizarse, este sector campesino se enfrentó con serias limitaciones debido a la situación irregular de sus tierras, a la falta de infraestructura y equipamiento, y a las dificultades propias de la transformación y la comercialización de sus productos. Actualmente, en diversas zonas la agricultura familiar debe convivir con nuevos emprendimientos turísticos, inversiones en los sectores más dinámicos, la explotación petrolífera y la actividad minera. A menudo, esta coexistencia de sistemas productivos tradicionales y modernos genera conflictos por los recursos y define un modelo rural muy desequilibrado.

La región pampeana goza de una posición geográfica excepcional con condiciones de suelo fértil y clima templado que favorecieron el desarrollo de las actividades agrarias. La historia de la organización territorial y productiva de la región se remonta al período colonial, con la creación del Virreinato del Río de la Plata en 1776 y la consolidación de la ciudad de Buenos Aires y el desarrollo del corredor de rutas que la comunicaban con el norte. Posteriormente, las guerras por la independencia y las luchas internas retrasaron el proceso de crecimiento económico y de ocupación de la totalidad del suelo pampeano. A partir de mediados del siglo XIX, una vez logradas la estabilidad política y la organización del Estado nacional, la Argentina se orientó hacia un modelo agroexportador basado principalmente en la riqueza natural de la región pampeana y se insertó en el esquema de producción especializada mediante la exportación de lana, carne enfriada y cereales. La revalorización de los pastizales y los suelos pampeanos, donde la producción se organizaba en estancias, desató la ocupación compulsiva de esos territorios, habitados por grupos indígenas. Las tierras ocupadas fueron cedidas o donadas a unas pocas familias de hacendados que controlaban el poder económico local, y estaban ligadas a comerciantes ingleses establecidos en Buenos Aires y a comerciantes criollos enriquecidos por las exportaciones.

Durante los últimos años del siglo XIX y los primeros del XX se produjo la llegada masiva de inmigrantes y la creación de numerosas colonias agrícolas y pueblos en toda la región. Se trató de un fenómeno que modificó de manera definitiva el paisaje natural y provocó una profunda transformación económica social y cultural. La llegada masiva de población extranjera fue acompañada por la construcción de una densa red ferroviaria, cuyo diseño tenía el objetivo de transportar la producción hacia los puertos pampeanos y de allí a los mercados europeos.

Desde fines de siglo XIX, la región pasó por dos etapas de organización territorial: una de fuerte poblamiento, que se consolidó en la primera mitad del siglo XX, y otra caracterizada por una lenta pero continua disminución de la población rural que dejó como resultado una gran cantidad de pueblos abandonados y campos vacíos. En la actualidad, la mayor parte de la población se concentra en las pequeñas y las medianas ciudades, un porcentaje menor habita en pueblos, y solo una porción muy reducida vive en las explotaciones agropecuarias. La situación social en el mundo rural pampeano es la más favorable en el contexto nacional y presenta niveles de pobreza rural muy bajos; en la región, este es un problema esencialmente urbano.

En la zona pampeana predomina la producción de cereales, oleaginosas y carnes, con muy buenos rendimientos e inserción comercial a nivel internacional gracias a la combinación de recursos naturales de calidad, alto nivel tecnológico y gran escala de producción. Los principales cultivos anuales son la soja, el trigo, el maíz, el girasol y el arroz. Estas producciones se concentran en dos grandes áreas: la zona núcleo (norte de Buenos Aires, centro-este de Córdoba, sur de Santa Fe, Entre Ríos y norte de La Pampa) y el sureste y suroeste de la provincia de Buenos Aires. En los últimos años, estos cultivos se expandieron a tierras antes dedicadas a la producción ganadera. También se destaca en la región la horticultura, especialmente en los cordones periurbanos de las ciudades más importantes. Los cultivos perennes ocupan un lugar muy marginal, con la excepción de la citricultura y la producción de frutales en algunas zonas muy reducidas de Entre Ríos y de la provincia de Buenos Aires, respectivamente.

La ganadería, uno de los tradicionales pilares del desarrollo agropecuario pampeano, históricamente se desarrolló, con mayor o menor intensidad, en toda la región. Desde la década de 1990, la superficie ganadera se redujo debido fundamentalmente al avance de la agricultura especializada en soja y maíz. Sin embargo, mantuvo sus niveles de producción gracias al desarrollo de los sistemas intensivos de cría a corral o *feedlot*.

Por su parte, la actividad forestal creció como consecuencia de las mayores inversiones en la implantación de bosques comerciales en el área del delta del Paraná y en la ribera del río Uruguay, en Entre Ríos. Los bosques naturales se distribuyen por toda el área peripampeana, especialmente en el centro-oeste de La Pampa (caldenales) y en el centro-norte de Entre Ríos y Santa Fe. El área de monte xerófilo que se extiende en el norte de Córdoba en los últimos quince años ha sufrido una reducción significativa debido al avance de los cultivos de soja.

La región de Cuyo es, desde el punto de vista ambiental, heterogénea y contrastante. El paisaje está dominado por las montañas y las sierras. De oeste a este se distinguen la cordillera de los Andes, la precordillera, los valles y piedemontes, donde los ríos forman oasis de riego, y las travesías, vastas planicies desérticas que limitan el este de la región. El rasgo natural sobresaliente de la región es la aridez, que fue determinante en las formas en que se ocupó el espacio y se explotaron los recursos.

Desde sus orígenes, Mendoza y San Juan, y en menor medida San Luis, parecen marcadas por un destino rural, desde una profunda unión con el agua que le dio vida a una floreciente actividad agrícola basada en el cultivo de la vid, el olivo y el maíz. La configuración de los actuales paisajes comenzó a mediados del siglo XIX, con la estabilización institucional del país. A fines del siglo, diversos factores afianzaron el desarrollo regional: la afluencia de decenas de miles de inmigrantes provenientes de países de tradición vitivinícola (españoles, italianos, franceses, rusos, polacos, alemanes, sirio-libaneses, ingleses, entre otros), la construcción de grandes obras hidráulicas, la llegada del ferrocarril a Mendoza y San Juan en 1885, las disposiciones para regular el uso del agua para riego (como la Ley de Aguas de Mendoza de 1884) y las medidas proteccionistas y de fomento de la agricultura.

Lentamente, la población se fue concentrando cada vez más en las zonas de los oasis. Este fenómeno se aprecia claramente en el contraste poblacional que hoy existe entre las áreas cultivadas, con densidades superiores a 100 hab./km2, y el resto del territorio, con índices inferiores a 5 hab./km2. La población que vive dispersa conserva un modo de vida pastoril, que en la ganadería alterna formas extensivas típicas y la transhumancia, como práctica precaria de manejo de los caprinos y ovinos y, en menor medida, de los bovinos. En la franja oriental que acompaña al río Desaguadero se desarrollan principalmente actividades extensivas y de subsistencia basadas en caprinos, pero también existen algunas estancias más capitalizadas y organizadas, con vacunos para el mercado local. Estas diferencias entre las zonas de los oasis y las de secano se observan claramente en la distribución poblacional y en la ocupación del suelo: en el Gran Mendoza se concentra el 50% de la población provincial, y en el Gran San Juan, más del 63%.

Más allá de estas grandes diferencias, el peso productivo regional se estructura a partir de los sistemas de riego. Las actividades más importantes son la vitivinicultura, la fruticultura, la horticultura y la ganadería, generalmente extensiva. En las últimas décadas, la región vivió un proceso de transformación que consistió en la modernización de los sistemas productivos en general, y del sector vitivinícola en particular, fundamentalmente el relacionado con los vinos de alta gama y de exportación.

Este proceso, caracterizado por la fuerte presencia de inversiones extranjeras, provocó la expulsión de numerosos pequeños productores. También se producen uvas de mesa, aceitunas, ciruelas, damascos, duraznos, nueces, peras, manzanas y almendras. Desde los años 90, la productividad de estos cultivos aumentó significativamente debido a la incorporación de variedades de mayor calidad.

En las áreas de pasturas y pastizales naturales la ganadería juega un rol muy importante de la mano de productores procedentes de la región pampeana. Predomina un sistema extensivo de ganadería bovina, de baja carga animal en tierras de muy baja productividad, aunque en algunas zonas se implementaron sistemas combinados de secano y riego que permiten mejores rendimientos. La producción tradicional es la caprina que, en muchos casos, está vinculada a sistemas que incluyen la trashumancia a zonas de montaña durante el verano.

La región patagónica, que se extiende desde el río Colorado hasta el canal de Beagle, es la menos poblada y la que enfrenta los mayores problemas de conectividad e integración con el resto del país. En este vasto territorio se pueden reconocer dos grandes conjuntos o subambientes. Por un lado, la Patagonia andina, caracterizada por la presencia de encadenamientos montañosos discontinuos, con alturas que no superan los 3.000 metros, separados por valles transversales de origen tectónico y glaciar, que permiten el paso de los vientos húmedos del Pacífico y favorecen la presencia del bosque templado-húmedo de los Andes patagónico-fueguinos. Por otro lado, la meseta patagónica presenta un relieve escalonado, atravesado por serranías bajas y cruzado de este a oeste por grandes valles fluviales y cañadones. En algunos lugares bajos, con agua y al reparo de los fuertes vientos, hay mallines, humedales con suelos turbosos cubiertos por gramíneas.

Hasta la llegada de los europeos, el territorio patagónico estuvo ocupado por poblaciones originarias de hábitos nómades (pehuenches, tehuelches, selk'nam, yámanas y alacalufes), que obtenían sus recursos básicos de la caza, la pesca y la recolección. En la segunda mitad del siglo XIX, cuando la Argentina se incorporó al mercado mundial como productora de materias primas agropecuarias, comenzó el avance sobre el territorio patagónico con el objetivo de incorporar tierras a la producción. Las campañas militares emprendidas en la zona ampliaron la frontera agropecuaria de la región pampeana, mediante el exterminio y la expulsión de la población aborigen. La región fue organizada política y administrativamente en varios territorios nacionales administrados por gobernadores designados por el presidente con acuerdo del Senado. Muy pronto se inició una política de poblamiento y puesta en producción de la tierra, que fue subdividida y otorgada en arrendamientos. Se conformaron dos tipos de productores: las grandes sociedades especulativas –como la Patagonian Sheep Farming Company, que arrendaba unas 200.000 hectáreas– y las familias pioneras, cuyas unidades no superaban las 40.000 hectáreas.

La expansión de la ganadería ovina desde la región pampeana hacia el territorio patagónico inauguró una nueva etapa de desarrollo y organización rural en la zona. Además, se fundaron ciudades que se convirtieron en sedes del poder político y militar y, en un comienzo, crecieron a la par de las necesidades de las actividades rurales. En los valles fluviales de los ríos Negro y Chubut, la producción de ovinos se asoció con el cultivo extensivo de alfalfa. A mediados de la década de 1910, la introducción de sistemas de riego generó una revalorización de los suelos. Así, el Alto Valle del río Negro pudo orientar su actividad hacia la fruticultura y el área se dinamizó. Por otro lado, el descubrimiento de petróleo en Comodoro Rivadavia en 1907 generó una nueva dinámica en la región, que se consolidó en la década de 1940 mediante la configuración de una red de relaciones estructurada en torno a los recursos energéticos. A partir de la década de 1970, las políticas de promoción del sector industrial básico y de las inversiones extranjeras, la construcción de la central hidroeléctrica El Chocón, la ampliación de la red de oleoductos y gasoductos, el mejoramiento de la red vial y de las comunicaciones, las nuevas inversiones relacionadas con la producción primaria (frigoríficos, procesadoras de fruta, industrias pesqueras) y la creación de complejos industriales incrementaron la demanda de mano de obra e impulsaron el crecimiento urbano. Así, las provincias patagónicas se convirtieron en polos de atracción de migrantes, procedentes principalmente del norte argentino y de Chile. Sin embargo, esta dinámica de inversión y poblamiento no logró modificar el perfil económico de la región, basado en la producción y la comercialización de bienes primarios.

En la actualidad, la mayor parte de la población patagónica es urbana y se concentra en las capitales provinciales y en otras ciudades importantes (como Comodoro Rivadavia y Bariloche), en los valles inferiores de los principales ríos (Negro y Chubut) y en la costa atlántica. La población que vive en el campo y en los pueblos es muy reducida como consecuencia de las migraciones de las últimas tres décadas, que obedecieron, sobre todo, a los bajos precios de la lana durante el período 1992-2001. Las condiciones sociales en el mundo rural son muy diferentes según la zona. Mientras las áreas de meseta se caracterizan por la pobreza y los bajos índices de desarrollo humano, en los valles irrigados la situación social es sensiblemente mejor.

En la Patagonia, la estructura agraria presenta grandes contrastes: se registra una fuerte presencia de pequeños productores en las áreas de riego y, paralelamente, un reducido número de productores con grandes superficies en las zonas de secano dedicadas a la ganadería extensiva. Así, el 48% de los productores de la región no llegan a reunir el 1% de las tierras –que en general se localizan en las zonas de riego–, en tanto el 94% de la superficie está en manos del 30% de las explotaciones.

Más allá de las actividades energéticas e industriales, la actividad que estructuró el funcionamiento de toda la región, especialmente de las vastas mesetas y los valles, fue la ganadería ovina y la producción de lana, históricamente responsables de dinamizar la vida del campo y de los pueblos. La ganadería vacuna y caprina, en menor medida, también se desarrolló en toda la región, con diferentes grados de especialización según la capacidad productiva de cada área.

La producción agrícola de la región se destaca por el desarrollo de la hortifruticultura, en especial la producción de frutas en los valles irrigados y cordilleranos (manzanas, peras, frutas finas, avellanas, almendras, nueces, entre otras). La mayor parte de estos productos se destinan a la industria de procesamiento y empaque, que genera grandes volúmenes exportables de peras, manzanas y frutas finas. Gracias a numerosos proyectos de inversión puestos en marcha en Neuquén, Río Negro y Chubut, estas producciones tienden a concentrarse en una menor cantidad de empresas. Las hortalizas también tienen un importante desarrollo en los valles. En las mismas zonas de riego, en las dos últimas décadas emergió con fuerza la producción de uvas y la instalación de bodegas orientadas a la elaboración de vinos de calidad que, en muchos casos, se destinan a la exportación. En las zonas de secano del norte patagónico existe una reducida producción de cultivos anuales. El clima más templado y los suelos más aptos permiten el cultivo de algunas especies, como trigo y avena, y, en los últimos años, de girasol en las zonas irrigadas. La actividad forestal en la región es incipiente, con la explotación del bosque natural en Tierra del Fuego y el desarrollo de nuevas forestaciones en Chubut, Río Negro y Neuquén.

2. La modernización y el crecimiento agropecuario

A partir de la década de 1960, pero muy especialmente en la de 1990, la Argentina rural experimentó una profunda transformación de los sistemas de producción agropecuaria, que se manifestó en un aumento significativo de la capacidad productiva. La siguiente tabla presenta los datos de crecimiento de la producción de algunos productos característicos de esta etapa de crecimiento entre 1969 y 2018. En ellos se observa un aumento sustancial de la superficie cultivada, del volumen de producción y del rendimiento de todos los productos agropecuarios.

Evolución de la producción primaria en la Argentina

Producto	Año	Superficie (ha)	Producción (tn)	Rendimiento (kg/ha)
Girasol	1969	1.347.400	1.140.000	846
	2017	1.678.031	3.537.545	2.108
Maíz	1969	4.015.602	9.358.372	2.331
	2017	7.138.620	43.462.323	6.088
Soja	1969	25.970	26.800	1.032
	2017	16.318.060	37.787.927	2.316
Trigo	1969	5.191.080	7.019.726	1.352
	2018	6.050.953	19.459.727	3.216

Fuente: Ministerio de Agricultura, Ganadería y Pesca.

El crecimiento no fue solo un fenómeno pampeano referido a la soja y el maíz. También alcanzó, entre otras, a la producción de vino, caña de azúcar y sus múltiples derivados, tabaco, algodón, frutas y hortalizas y sus productos procesados, y a la producción de carne. Si bien las principales transformaciones productivas en el mundo rural se produjeron en el sector agropecuario, también tuvieron un fuerte crecimiento las actividades extractivas, como la minería y el petróleo, especialmente en las provincias del NOA, Cuyo y la Patagonia.

Existen diversos factores que, articulados entre sí, explican la transformación de los sistemas de producción y el incremento productivo en todas las regiones. En primer lugar, un cambio en las condiciones económicas y en la relación insumo-producto, que redujo sustancialmente los niveles de rentabilidad por hectárea.[2] En este contexto, las empresas grandes y medianas mantuvieron sus procesos productivos aumentando la escala (el tamaño de las explotaciones) y su nivel de equipamiento, pero se penalizó a los pequeños y medianos productores tradicionales, que debieron vender o alquilar sus tierras a otros actores mucho más capitalizados. En segundo lugar, los profundos cambios tecnológicos en los sistemas de producción de bienes de origen biológico: se aceleró el proceso de innovación en los campos de la biología y la genética, y se generaron nuevos modelos productivos que asocian insumos, maquinaria y formas de gestión novedosos, lo cual posicionó a la agricultura argentina como una de las más dinámicas e innovadoras del mundo.[3] Este proceso fue acompañado por la llegada de nuevos actores capitalizados con capacidad de brindar servicios o financiar las actividades productivas (contratistas, servicios, fideicomisos agrarios, etc.), esto es válido no

2. Existe una amplia bibliografía sobre los cambios en las condiciones macro y microeconómicas en la Argentina y en el mundo rural en la década de 1990. Para un análisis de detalle puede verse M. Sili, "The macroeconomic policy of structural adjustment and their territorial impact in Argentina in the 90s", *Yearbook: Conference of Latin Americanist Geographers*, 21, 1995.

3. Para un análisis más profundo de los procesos de cambio ver C. Gras y V. Hernández, *La Argentina rural: de la agricultura familiar a los agronegocios*, Buenos Aires, Biblos, 2009; M. Guibert *et al.*, "Les nouvelles formes d'agriculture entrepreneuriale en Argentine et en Uruguay", *Économies et Sociétés*, 10, 2011.

solo para la región pampeana, sino para múltiples sectores en diferentes regiones. En tercer lugar, se ocuparon nuevas tierras, lo que permitió aumentar la superficie productiva del país y la escala productiva de muchos productores, un mecanismo clave y necesario para alcanzar altos niveles de competitividad; también esto sucedió en todos los sistemas productivos y en todas las regiones.[4] Todos estos cambios se dieron en un contexto internacional fluctuante pero cada vez más demandante de materias primas, alimentos y productos bioenergéticos.

Un elemento clave en este "ambiente de cambio y crecimiento" de las últimas décadas fue el persistente discurso productivista asumido por los gobiernos y las organizaciones del sector agropecuario, cuyo eje central es el establecimiento de metas de crecimiento de la producción como el escenario deseado al cual llegar. Se trata de una visión que sostiene que tanto el incremento de la producción de bienes de origen agropecuario como su exportación son, en última instancia, casi la única vía posible para el desarrollo de las áreas rurales, en particular, y del país, en general. Esta dinámica ha sido determinante en la configuración del modelo productivo implementado en el sector agropecuario argentino.

Sin embargo, una mirada atenta permite observar que el crecimiento productivo de las últimas tres décadas no se tradujeron en un mayor desarrollo en todas las áreas rurales por igual. En este sentido, y tal como lo dijimos anteriormente, es posible plantear la existencia de una "trampa del progreso" en la cual, a pesar del crecimiento y la modernización de muchos sectores productivos, se profundizó el proceso de abandono de las áreas rurales, se degradaron los ambientes y no se logró un mayor anclaje de la renta capaz de contribuir a la mejora de las condiciones de vida en el medio rural.[5] En términos generales, a nivel nacional también se puede agregar, tal como lo demuestra el trabajo de Ariel Slipak, que

4. El proceso de expansión sobre nuevas tierras puede verse en detalle en M. Sili y L. Somoulou, *La problemática de la tierra en Argentina*, Roma, FIDA, 2011.

5. El trabajo de la Organización de las Naciones Unidas para la Alimentación y la Agricultura (FAO) es muy elocuente en este sentido, señalando la existencia de un fuerte crecimiento agropecuario pero en un contexto de sostenimiento y hasta aumento de la pobreza rural en la mayor parte de los países de América Latina. Ver L. Guardia y L. Tornarolli, "Boom agrícola y persistencia de la pobreza rural en Argentina", en J. Graziano

la dinámica productiva de las últimas décadas reforzó en términos porcentuales la primarización productiva de la Argentina, lo que contradice el discurso industrializador.[6]

3. Sobre el éxodo y el debilitamiento del tejido social rural

Se estima que entre la década de 1980 y la actualidad más de 400.000 agricultores dejaron los campos y los pequeños pueblos y parajes, especialmente aquellos que no podían generar mayores ingresos en sus unidades productivas debido a la reducida superficie de sus tierras,[7] el bajo nivel tecnológico y las dificultades para la comercialización. En otras palabras, el mundo rural argentino actualmente cuenta con muchos menos productores que décadas atrás. La pérdida de población no solo

---

da Silva, S. Gómez y R. Castañeda (eds.), *Boom agrícola y persistencia de la pobreza rural*, Roma, FAO, 2009, 66-102.

6. A. Slipak, "Argentina y el debate sobre el modelo productivo: la encrucijada de la reprimarización y las nuevas formas de dependencia", en M. Svampa (ed.), *El desarrollo en disputa: actores, conflictos y modelos de desarrollo en la Argentina contemporánea*, Buenos Aires, Universidad Nacional de General Sarmiento, 2015, 39-66.

7. Existe una fuerte discusión sobre el proceso de desaparición de los pequeños y medianos agricultores en la Argentina y en América Latina. Uno de los factores clave a los cuales se hace referencia, más allá de los cambios económicos en el sector agropecuario, es la forma de herencia de las explotaciones agropecuarias. Por ejemplo, cuando un matrimonio posee 400 hectáreas y ha vivido toda su vida del trabajo agrícola, manteniendo una buena calidad de vida ellos y sus cuatro hijos, al momento de fallecer la tierra se debe distribuir en partes iguales. Esta dotación de tierras de 100 hectáreas para cada hijo no permite garantizar ingresos agrarios suficientes para el mantenimiento de las familias de cada uno, por lo cual varios de ellos migran, vendiendo la parte correspondiente o alquilándola a algún hermano o vecino. El hijo que permanece en el campo trabaja su parte de campo y probablemente alquile el resto del de sus hermanos; no obstante, este hijo que permaneció tampoco tiene grandes posibilidades de mantenerse en la actividad dada la escasa superficie y los altos costos que debe enfrentar para alquilar más tierras. Una consecuencia de ello será el abandono progresivo de la explotación, con el alquiler o la venta de la tierra y la migración a la ciudad. Este proceso, derivado del modelo de herencia en la Argentina, ha sido el factor que ha contribuido a la profunda fragmentación de las unidades productivas y a la construcción de un mercado de tierras mucho más flexible pero, a la luz de la evidencia histórica, incapaz de construir una dinámica de arraigo rural y de equilibrio territorial.

afectó al campo; también impactó sobre cientos de pueblos. Desde la década de 1990, además, debido sobre todo a los procesos de reforma del Estado, se redujeron los servicios públicos, se cerraron ramales del ferrocarril y se perdieron miles de empleos en el sector de los servicios públicos, lo que aceleró el éxodo rural y hasta la desaparición de numerosos pueblos.

La población rural de la Argentina disminuye sistemáticamente desde mediados de siglo XX. En 1947, unos 6 millones de argentinos vivían en el campo y en pueblos; se estima que en 2020 esa cifra se ha reducido a menos de la mitad: unos 2,5 millones de personas. Así, el mundo rural fue despojado de su contenido social, de su población y de gran parte de la infraestructura, el equipamiento y los servicios para orientarlo a la producción masiva de bienes agropecuarios para la exportación.

Sin embargo, los procesos migratorios no son iguales en los campos y los pueblos. El despoblamiento afecta mayormente a la población que vive dispersa en el campo. Según los censos nacionales de población, entre 1980 y 2020 el campo perdió aproximadamente un millón de habitantes. El impacto de este proceso migratorio en las ciudades es ampliamente conocido; sin embargo, el éxodo tiene graves consecuencias en el mismo medio rural. Por ejemplo, cuando se cierra una escuela porque no hay más niños en la zona, no solo desaparece el servicio; también implica la desaparición de un ámbito fundamental en la construcción de la ruralidad, ya que las escuelas generan a su alrededor un ambiente de socialización y de identidad para los pobladores rurales. Cuando el campo pierde población se debilita el tejido social rural y las posibilidades de una vida comunitaria y de prácticas colectivas (fiestas locales, reuniones familiares, entre otras) que animan la vida local. También desaparecen las prácticas de control colectivo de lo que ocurre en el territorio: en las zonas rurales despobladas se verifica un aumento de los hechos delictivos ya que no hay nadie que controle y gestione el territorio.

En los pueblos, la situación asume características diferentes. Muchos de ellos, especialmente los más pequeños y los que dependían de los empleos en los servicios públicos o ferroviarios, desaparecieron como consecuencia del proceso de reforma del Estado de los años 90. Según los últimos censos nacionales, desde 1980 hasta la actualidad, entre los pueblos que desaparecieron o sufrieron la mayor disminución de población el primer lugar lo ocupan los de menos de 500 habitantes. Los que tenían entre 500 y 2.000 se mantuvieron relativamente estables. Y los de más de 2.000 habitantes crecieron, muchas veces a expensas de la población del campo, que se establecía en ellos en búsqueda de una mejor calidad de vida, servicios y, especialmente, escuelas para sus hijos. Por su parte, las localidades de entre 10.000 y 50.000 habitantes (en 2010 eran unas 300 y reunían a unas 6 millones de personas) crecieron significativamente y comenzaron a desempeñar un rol clave para las áreas rurales, ya que actúan como prestadoras de servicios (comerciales, médicos, educativos, para la producción), tanto a escala microrregional como regional.

En síntesis, los pueblos más pequeños fueron desapareciendo o perdiendo vitalidad, los medianos crecen a un ritmo moderado y las pequeñas ciudades crecen de manera significativa. En lugar de construir nuevos equilibrios, esta dinámica demográfica opera en sentido contrario: reduce las oportunidades en el mundo rural, estimula la concentración de población y recursos en las ciudades, y agudiza los desequilibrios territoriales.

La contracara de este fenómeno de despoblamiento rural es el fuerte crecimiento de la población urbana en todo el país: mientras a fines del siglo XIX representaba el 37% de la población total, 115 años después alcanza el 92%, lo que convierte a la Argentina, tal como lo dijimos anteriormente, en uno de los países más urbanizados del planeta.[8]

Si bien el abandono del campo y los pueblos por parte de miles de pequeños agricultores y otros habitantes rurales obedeció a la falta de empleo e ingresos, también resultaron decisivas las malas condiciones de vida que deben enfrentar muchas familias. Así, los territorios rurales de la Argentina presentan un gran déficit de infraestructura, equipamiento y servicios. Por ejemplo, muchos de sus habitantes no disponen de electricidad ni de agua potable y en ocasiones deben caminar kilómetros

8. Este dato se plantea considerando el criterio de población urbana del Indec que, como hemos visto al inicio de este libro, es diferente del criterio adoptado en este libro.

para conseguir un balde de agua que, además, no es potable. No todas las áreas cuentan con telefonía e internet, y en el caso de que existan, su alcance, calidad y velocidad de conexión suelen ser notablemente inferiores a los de las zonas urbanas. Los caminos no siempre son transitables, lo que imposibilita el desplazamiento a otros lugares que ofrecen servicios de mayor complejidad. Las escuelas también son un factor crítico. En general, los chicos que viven en el campo, en los pueblos y en las pequeñas ciudades no tienen las mismas oportunidades de formación que los de las ciudades medianas y grandes. Esta carencia limita su formación y, por lo tanto, sus itinerarios de vida y sus posibilidades de progreso. La falta de opciones de formación, el escaso nivel de especialización y capacitación de los docentes, y la ausencia de infraestructura mínima, como agua, electricidad y caminos, atenta contra ello.

En cuanto a los servicios de salud, las dificultades en las áreas rurales no solo se relacionan con la falta de equipamiento y de profesionales, sino también con las dificultades de conectividad: en muchos casos, estos servicios se concentran en las ciudades más importantes, a las que desplazarse en muchos casos es difícil y en otros, imposible.

De este modo, los territorios rurales se hallan en una situación muy desfavorable, en la que sus pobladores deben sobrellevar condiciones de vida más dificultosas que en los centros urbanos y disponen de menos oportunidades de desarrollo personal. Sobran las evidencias y los ejemplos de lugares donde no es posible que la población se mantenga estable ni generar dinámicas productivas sostenidas en el tiempo debido a la falta de condiciones básicas de calidad de vida. En definitiva, nadie quiere vivir y construir un proyecto de vida donde no hay agua, energía eléctrica, internet, ni posibilidades de acceder a servicios de educación, salud y recreación. No es de extrañar, entonces, que frente a estas limitaciones, y en un contexto económico y productivo de gran dificultad para generar ingresos, la migración hacia las ciudades aparezca como la única alternativa para millones de habitantes de las zonas rurales.

Todas estas consideraciones atañen al conjunto de la población rural, pero si se mira exclusivamente a la población joven, la situación es aún mucho más grave. La falta de espacios para el ocio y la recreación, la inexistencia de lugares para compartir (clubes, deportes, discos, bares) y la imposibilidad de encontrar oportunidades laborales o de estudio hacen del mundo rural una prisión de la que gran parte de los jóvenes quieren salir, muchas veces para nunca más volver.

4. Las consecuencias ambientales del modelo de modernización

Las políticas (implícitas o explicitas) de modernización y crecimiento productivo también tuvieron consecuencias en términos ambientales. La expansión territorial, la extracción de recursos y la utilización masiva de agroquímicos impactaron, en mayor o menor medida, en todas las zonas rurales del país, sin que existieran planes de ordenamiento territorial rural eficaces que regularan la utilización del suelo como sucede en países de mayor desarrollo. Un primer elemento a tener en cuenta es la desaparición de pastizales, montes y bosques nativos para destinar las tierras a la agricultura, reemplazando las formaciones vegetales naturales por cultivos. Este proceso expansivo, evidente en todas las regiones, fue muy importante en el caso de la producción de cereales y oleaginosas (sobre todo, de soja), pero también en el de otros cultivos anuales o perennes. El avance de la frontera agrícola mediante la deforestación tiene importantes consecuencias. Una de ellas es la disminución de la biodiversidad, ya que provoca la desaparición del hábitat natural de numerosas especies de flora y fauna. Además, causa la pérdida de servicios ecológicos esenciales, como la capacidad de retención de agua que, a su vez, reduce la aptitud de los ecosistemas de amortiguar los ciclos climáticos y disminuir sus efectos perjudiciales (inundaciones y sequías extremas). Así, se registra un aumento de fuertes escorrentías, con la consiguiente pérdida de suelos, y se incrementa el riesgo de grandes inundaciones, tanto en campos como en centros urbanos, con importantes destrozos de la infraestructura de comunicación (puentes y rutas) y del equipamiento comunitario (escuelas, centros de salud y viviendas). Por otro lado, la deforestación y el reemplazo de extensiones de bosques continuos por parcelas destinadas a la producción agrícola generan una acentuada fragmentación y parcelización de áreas naturales. Este proceso disminuye las posibilidades de intercambio genético y reduce el número de especies. Al mismo tiempo, la fragmentación de los bosques impide la continuidad y el contacto entre diferentes tipos de formaciones vegetales (por ejemplo, entre el bosque chaqueño y las yungas), lo que limita la integración de la flora y la fauna entre dos regiones muy ricas desde el punto de vista ambiental.[9]

Un segundo elemento crítico es el avance de la agricultura sobre la ganadería (agriculturización) y la implementación de nuevas prácticas agrícolas que demandan grandes cantidades de insumos (fertilizantes, herbicidas, pesticidas, combustibles fósiles). En muchos casos la utilización de agroquímicos sin la debida precaución ha provocado –y provoca– la contaminación de las aguas superficiales y subterráneas, y un aumento del nivel de acidificación de suelos, lo que disminuye las condiciones naturales de fertilidad y recuperación. Además, al reducirse los niveles de biodiversidad se altera la fauna (disminución de insectos, abejas, aves y otros animales) y, en consecuencia, toda la cadena trófica, lo que genera la homogeneización y simplificación de los ecosistemas. Desde el punto de vista social, el mal uso de agroquímicos provoca el incremento de enfermedades, especialmente cáncer, trastornos respiratorios y afecciones de la piel.[10]

9. Numerosos trabajos científicos y de divulgación han sido escritos sobre la problemática del avance de la frontera agrícola y la deforestación en la Argentina y en América Latina en general. Muchos de estos estudios han sido acompañados por evidencias claras, acompañados por imágenes satelitarias, fotografías y análisis de impacto ambiental. Los trabajos del Instituto Nacional de Tecnología Agropecuaria (INTA) han sido en este sentido de gran importancia. A nivel internacional los organismos como la FAO y la Cepal han generado también estudios y recomendaciones sobre esta problemática, ver por ejemplo Cepal, FAO e IICA, *Perspectivas de la agricultura y del desarrollo rural en las Américas: una mirada hacia América Latina y el Caribe 2015-2016*, 2015.

10. Las controversias sobre los problemas de salud en torno a la agricultura moderna basada en la utilización de insumos químicos y en semillas transgénicas es muy fuerte en la Argentina y en el mundo en general. Existen numerosos estudios realizados sobre dichas tecnologías y prácticas; sin embargo, la comunidad científica no parece llegar a un consenso sobre el impacto de estas en la fauna y la flora y en la salud humana. Frente a dicha situación prevalece en muchos países el principio de precaución, por el cual se establece que ante las sospechas fundadas de que ciertos productos o tecnologías crean un riesgo grave para la salud pública o el medioambiente en el largo plazo, se pueden adoptar medidas protectoras o restrictivas, sin que se cuente todavía con pruebas científicas definitivas e irrefutables. Ha sido este principio de precaución el que ha llevado

Un tercer elemento presente en muchas zonas rurales del país es la desertificación. Las malas prácticas agrícolas, el sobrepastoreo, el desmonte de bosques nativos y la compactación de suelos generan la pérdida de vegetación natural. A su vez, esto deteriora las propiedades físicas y químicas del suelo, lo que potencia la erosión eólica e hídrica y la desertificación. Se estima que en el país aproximadamente unos 60 millones de hectáreas están afectadas por diferentes grados de desertificación y degradación.

Las nuevas dinámicas productivas también impactan en los recursos hídricos. En áreas vinculadas a actividades extractivas, como la minería y la explotación petrolífera, se incrementó sustancialmente la contaminación de las aguas superficiales y subterráneas. Este fenómeno se registra especialmente en la zona cordillerana, como consecuencia de derrames de petróleo y de productos químicos utilizados en las explotaciones mineras. Por otro lado, en las zonas de fuerte crecimiento agrícola se produjo la eutrofización y contaminación de lagos, lagunas y arroyos debido a la concentración de fertilizantes. Esta situación afecta la vida acuática y, por consiguiente, el desarrollo de actividades en torno a esos espejos de agua.

El impacto ambiental de este modelo productivo generó por otro lado múltiples respuestas y mensajes, tanto de parte de empresas petroleras, mineras y agropecuarias como de diversas organizaciones vinculadas al sector. Todas ellas enarbolan un discurso sobre la sostenibilidad ambiental de los sistemas productivos que, en muchos casos, está lejos de cumplirse. Se trata de una problemática que no es propia de la Argentina, sino del mundo entero. Como ejemplo vale la pena mencionar a los países europeos en los que la temática productiva y ambiental está mucho más discutida, y las regulaciones y las normativas mucho más avanzadas, limitando cada día más el uso de determinados agroquímicos. Mientras tanto, la Argentina (como en el conjunto de los países latinoamericanos) implementa políticas de control y regulación insuficientes frente al proceso de degradación ambiental, y permite el avance de

---

a que numerosos países hayan limitado o prohibido ciertos agroquímicos en el corto y mediano plazo, como el controvertido glifosato, de amplia utilización en la Argentina.

sistemas productivos no amigables con el ambiente. Sin embargo, la amplia difusión de esta problemática generó reacciones en organizaciones y productores, quienes intentan encontrar vías y alternativas productivas más sustentables. Así como las prácticas productivas implementadas en las últimas dos décadas apelaron a sistemas tecnológicos altamente dependientes de agroquímicos, es esperable que en los próximos años se produzca un giro hacia nuevos sistemas productivos con tecnologías mucho más sustentables, de origen biológico.

5. La deslocalización de la renta

Una tercera consecuencia del proceso de modernización es que la renta generada a partir de la producción agropecuaria no se ha relocalizado en los mismos territorios rurales para generar efectos sinérgicos y virtuosos. Por el contrario, la deslocalización y la transferencia de la renta hacia otros circuitos económicos financieros ha sido permanente. Sin embargo, la situación es muy diferente según las regiones y el momento histórico, lo que hace necesario diferenciar las estrategias históricas de deslocalización de la renta. Desde fines del siglo XIX hasta fines del XX (período en el que los factores clave de la producción y del sistema de acumulación fueron la posesión y el control de la tierra y el agua), la renta, mayormente controlada por las elites nacionales y locales, se anclaba en las mismas zonas rurales, en las estancias, y también se relocalizaba en los circuitos de acumulación nacional. El epicentro de la concentración de la renta eran Buenos Aires y las ciudades más dinámicas del interior, como Rosario, Córdoba, Mendoza y Tucumán. Estos lugares aún reflejan el proceso de acumulación del período en su patrimonio urbanístico y arquitectónico. Los actores clave de ese modelo fueron los estancieros y las elites regionales.

En la actualidad, la lógica de deslocalización de la renta ha cambiado sustancialmente. La carencia de un marco de confianza y previsibilidad de las condiciones macroeconómicas de la Argentina, los sucesivos cambios de políticas y la constante histórica de considerar lo rural como el último lugar de donde extraer recursos para sostener la economía nacional han contribuido muchas veces a generar un comportamiento extractivo de parte de los actores más capitalizados. A sabiendas de que el mundo rural no es un buen lugar para localizar la renta durante períodos prolongados, se genera una lógica productiva de alta velocidad, con mucha flexibilidad y la menor cantidad posible de activos fijos y en tierras. Lo que interesa es entrar y salir rápidamente del sector, controlando otros factores de la producción y otros ámbitos de circulación y concentración del capital, como la gestión de la tecnología y la comercialización, que en gran parte se hallan en manos de actores urbanos o globales que derivan la renta hacia las principales ciudades o fuera del país. En definitiva, la incertidumbre frente a los cambios en las condiciones político-institucionales promueve comportamientos más flexibles que atentan contra las inversiones de largo plazo en activos locales, capaces de contribuir al desarrollo de los territorios rurales. Los actores clave de este modelo de extracción e internacionalización de la renta ya no son las elites regionales y los estancieros tradicionales, sino los inversores urbanos a través de figuras como los pools de siembra, los fideicomisos agrarios, las grandes corporaciones internacionales que controlan la tecnología y la comercialización, y el Estado, que captura gran parte de la renta agraria mediante diferentes tipos de impuestos.

En este contexto, solo aquellas regiones que disponen de ciertas capacidades previas (infraestructuras, servicios, entre otros) tienen mayores posibilidades de captar la renta para que se reinvierta a nivel local y generar circuitos virtuosos de desarrollo local. Así, en las últimas décadas se observó que fueron las zonas que tenían buenos servicios, altos niveles educativos, fuerte desarrollo organizacional y presencia de productores pequeños y medianos capitalizados las que tuvieron una mayor capacidad para anclar la renta a nivel local (por ejemplo, los valles cuyanos, el este de la provincia de Córdoba y el sur de Santa Fe). Por el contrario, los territorios sin infraestructura, con una baja calidad de vida, menor nivel educativo y mayores dificultades de conectividad y accesibilidad enfrentaron grandes dificultades para captar la renta y transformarla en nuevas dinámicas de desarrollo local (como el centro-oeste de Formosa y el centro-este de Santiago del Estero).

6. Las políticas y las prácticas de desarrollo rural no alcanzaron a revertir los problemas del mundo rural

Frente a esta dinámica de los territorios rurales, desde diferentes organismos públicos se intenta revertir las situaciones de crisis mediante la implementación de iniciativas destinadas a mejorar la calidad de vida de sus habitantes, a planificar el territorio y a reducir riesgos, a promover el desarrollo productivo, entre tantas otras. Los municipios, por ejemplo, despliegan acciones para estimular la producción y mejorar la infraestructura y la prestación de servicios locales. Los gobiernos provinciales intervienen mediante la provisión de riego, la mejora de los caminos rurales y el apoyo a la comercialización, entre otras. Por su parte, el Estado nacional implementa programas desarrollados por el INTA y otras instituciones, o programas de desarrollo rural financiados por organismos internacionales, como el Banco Mundial, el Banco Interamericano de Desarrollo (BID) y el Fondo Internacional de Desarrollo Agrícola (FIDA).

Así, el mundo rural cuenta con un arsenal de intervenciones, más o menos estructuradas, que intentan resolver los problemas que lo afectan. Sin embargo, los resultados no siempre son los esperados. ¿Por qué, entonces, el despliegue de tantas acciones y la inversión de cuantiosos recursos no logran reducir la pobreza y el deterioro de la vida rural? La experiencia argentina revela la existencia de diversos factores que limitan las posibilidades de construir dinámicas de desarrollo sinérgicas.[11]

Un primer factor es la falta de consensos básicos sobre cuáles son los problemas que afectan al territorio y a la imposibilidad de establecer prioridades. Si bien los municipios, las instituciones y los actores presentes en un territorio identifican problemas vinculados con el desarrollo rural, no logran llegar a acuerdos sobre sus causas, sus consecuencias y las estrategias y prioridades de trabajo.

11. Para un análisis más profundo y detallado de las limitaciones que existen en torno a la construcción de dinámicas más sinérgicas y articuladas de desarrollo rural se recomienda M. Carrizo y M. Sili, “Desarticulación y fragmentación de iniciativas de desarrollo rural: la experiencia reciente de la provincia se Santiago del Estero, Argentina”, *Documentos y Aportes en Administración Pública y Gestión Estatal*, 18 (30), 2018: 43-83.

Otro factor clave, y también consecuencia del primero, es la ausencia de proyectos de desarrollo consensuados, de propuestas o proyectos de futuro. Para unos, el mundo rural debe ser un gran territorio capaz de producir millones de toneladas de bienes primarios o de generar recursos económicos para sostener la economía nacional. Para otros, debe ser un lugar de escape para el fin de semana o las vacaciones, un lugar de residencia tranquilo donde construir un proyecto laboral conectado con la ciudad y el mundo; este ideario de mundo rural es representativo muchas veces de los neorrurales. Y para muchos debe ser un hogar, el lugar donde nacieron y deciden construir un proyecto de vida. En síntesis, no hay una sola definición ni un único modelo deseado de futuro rural; hay tantos futuros deseados como personas, como grupos sociales y como configuraciones territoriales posibles. Sin duda, esta diversidad de miradas y proyectos constituye un rico bagaje, y un punto de partida para construir escenarios y proyectos compartidos de futuro, lamentablemente, en las áreas rurales esto no se ha logrado, y hoy coexisten múltiples intencionalidades políticas, muy diferentes entre sí, en tensión o en conflicto unas con otras, que obstaculizan la posibilidad de construir un camino común. Esta coexistencia anárquica y no consensuada de visiones y acciones en torno de lo rural origina territorios fragmentados, sin un claro sentido de destino. En este contexto, las acciones de los municipios, los productores, los gobiernos provinciales o las organizaciones sociales se orientan solamente a resolver problemas puntuales emergentes, pero no contribuyen a la construcción de un proyecto compartido, lo que termina generando el desaprovechamiento de numerosos esfuerzos. La falta de consenso sobre el futuro deseado y de planes de desarrollo y de ordenamiento es claramente un fuerte déficit.

Otro factor es la ausencia de un ámbito institucional común desde donde trabajar en forma conjunta las problemáticas del desarrollo de los territorios rurales y de instrumentos pertinentes para ello. Por ejemplo, si bien los municipios o las comisiones de fomento local son los encargados de administrar y gestionar el desarrollo de sus territorios, carecen de la capacidad técnica, operativa y de los recursos necesarios para enfrentar desafíos semejantes y de instrumentos básicos. Por eso, su intervención finalmente se circunscribe a la planta urbana de los pueblos e ignora los problemas del espacio agrario contiguo. En el caso de las provincias sucede lo mismo: aunque cuenten con algunos programas sectoriales (de provisión de agua, de mejora de suelos, de viviendas rurales, entre otros), carecen de capacidad organizacional para contribuir al diseño de estrategias de desarrollo rural en forma sostenida. A esta falta de ámbitos institucionales se suma la falta de coordinación entre los múltiples actores e instituciones vinculadas a los territorios rurales, sean locales, provinciales o nacionales. Se generan así acciones individuales, muchas veces superpuestas y en directa competencia unas con otras, que no consideran las problemáticas generales ni la presencia de otros actores. Estos desencuentros y la falta de reglas de juego clara limitan las posibilidades de impulsar procesos de desarrollo eficaces a nivel local, y se ponen en evidencia por la persistencia de problemas estructurales de pobreza rural en zonas que cuentan con numerosos recursos para superarlos y en las que el sector agropecuario tiene una fuerte dinámica de crecimiento.

El último factor es la inestabilidad de la oferta de recursos para sostener dinámicas de desarrollo rural más integrales. Muchas veces se cuenta con financiamiento para resolver algunos problemas productivos de los sectores más postergados o para realizar obras de infraestructura. Pero este financiamiento generalmente está ligado a programas con recursos asignados que no tienen continuidad en el tiempo. Se trata de un escenario propicio para la aparición de comportamientos oportunistas, de corto plazo, en el que las instituciones y los actores locales intentan captar recursos públicos provinciales o nacionales, apelando a favores políticos y partidarios con el objetivo de generar acciones que les permitan mantener sus espacios de poder. Al mismo tiempo, los cambios permanentes, tanto en las políticas públicas como en los programas y las instituciones, atentan contra una mirada de largo plazo y contra la estabilidad de los procesos de desarrollo rural, condiciones necesarias para su implementación exitosa. De hecho, son las instituciones con una mayor tradición y estabilidad las que logran desplegar acciones más duraderas y con un mayor grado de coordinación.

Se puede afirmar, sin lugar a dudas, que todos estos elementos contribuyen a erosionar la capacidad local para construir el futuro. El futuro no lo construyen los habitantes de las zonas rurales, sino las fuerzas del mercado, y actores políticos y burócratas lejanos al territorio. Se trata de un futuro que no se construye; se sufre, se acepta como es dado, con todo lo que eso significa.

3. Algo nuevo está pasando en la Argentina rural

Más allá de las dinámicas productivas, sociodemográficas y ambientales tratadas en el capítulo anterior, otras cosas, inesperadas y disruptivas, están sucediendo en el mundo rural de la Argentina. Surgen nuevas formas de producir y de gestionar el desarrollo a nivel local, se recuperan y valorizan recursos y patrimonios antes ignorados, y en muchas zonas la gente está migrando al campo y a los pueblos. Nos hallamos, entonces, ante un momento histórico de cambios profundos, que tienen el potencial para alentar la creación de nuevas trayectorias y dinámicas de desarrollo en los territorios rurales. Varios factores impulsan estos cambios.

Un primer factor son las nuevas miradas sobre la naturaleza y las crecientes demandas para resolver la crisis ambiental global. A pesar de las contundentes evidencias sobre el desastre ecológico en todo el mundo, los países mantienen una lógica de producción, crecimiento y consumo que tiene efectos devastadores sobre el ambiente y los recursos. Se trata de una lógica depredadora que responde a la idea del crecimiento ilimitado. La Argentina no es una excepción. Ante este panorama, en muchos países –incluido el nuestro– se está consolidando una nueva conciencia ambiental que, entre otras cosas, implica una mayor preocupación por los efectos del cambio climático, por las condiciones de los hábitats, por la generación de nuevas formas de relación con la naturaleza y por el acceso a una alimentación sana y natural. Se trata de una respuesta individual y colectiva frente a la escasa capacidad de acción de los poderes públicos y de las empresas más contaminantes a nivel global, nacional y local. Esta nueva conciencia impulsa la aparición de modos alternativos de producir, consumir, moverse y habitar. Por ejemplo, crece la producción y el consumo de productos orgánicos y locales, los productores agropecuarios empiezan a realizar nuevas prácticas más sustentables, se difunden campañas masivas destinadas a reducir el uso del plástico y a promover el reciclado de materiales y residuos, se generaliza el uso de la bicicleta, se desarrolla la bioconstrucción, y se crean nuevos espacios verdes y recreativos. Estas demandas y prácticas ya no son propias de los sectores con mayor poder adquisitivo (minoritarios y claramente urbanos), sino que involucran a franjas de población cada vez más amplias. En muchos casos dieron lugar al surgimiento de grupos, redes o movimientos que trabajan en favor de la conservación de un recurso y contra la contaminación del agua y del aire, el uso de plásticos y otros productos no degradables, el maltrato de los animales, la minería a cielo abierto y el uso de agroquímicos.

Un segundo factor lo constituye la demanda de más espacio disponible para vivir, de un mayor equilibrio territorial y de mejores condiciones de los hábitats. Como vimos, los históricos desequilibrios territoriales en la Argentina se manifiestan en la desigual distribución de la población y en las diferencias en el acceso a bienes, servicios, empleos e ingresos. Pero también, y cada vez más, en las formas de habitar, en la calidad de las viviendas y los espacios de convivencia. Así, mientras millones de personas viven en lugares congestionados, con altos niveles de conflicto y estrés social y ambiental, otras gozan de condiciones de infraestructura, equipamiento y ambientales más seguras y de mayor calidad. La crisis ocasionada por la pandemia de covid-19 amplificó y visibilizó más que nunca estos desequilibrios: la enfermedad y la cuarentena no se viven del mismo modo en el campo, los pueblos, las ciudades, las villas de emergencia y los barrios privados. La inmovilidad impuesta por la cuarentena puso de manifiesto la importancia del lugar donde vivimos, nuestras casas, nuestros barrios, nuestros pueblos y ciudades. Las personas que habitan en viviendas precarias en las ciudades, en condiciones de hacinamiento, donde el patio es la calle y la calle es la vida social, viven la pandemia como un nuevo drama que se suma a su histórica pobreza. Para ellos tiene gusto a abandono y a reclusión en espacios mínimos e insalubres de los que no pueden salir por el temor a la enfermedad y a la muerte. Los habitantes de nuestras ciudades, abigarradas, congestionadas, hechas a fuerza de especulación y concentración, también descubren con la cuarentena que vivir en espacios minúsculos, alejados de toda relación con la naturaleza, se ha convertido en un problema central en sus vidas. En cierto modo existe un imaginario colectivo según el cual en el campo y los pequeños pueblos se dispone de espacio, acceso a áreas verdes y a la naturaleza, y la posibilidad de transitar de mejor forma la pandemia y la cuarentena. Esta idea se manifestó en la tendencia de muchos habitantes de las ciudades a informarse sobre pueblos donde establecerse y construir un nuevo proyecto de vida. Así, la pandemia y la cuarentena han puesto al descubierto más que nunca el hecho de que la disponibilidad de un lugar individual y familiar, de una vivienda digna, de cercanía con la naturaleza y de espacios colectivos es determinante en la calidad de vida de una sociedad, más allá de los ingresos y la capacidad de consumo. La pandemia aparece, entonces, como una oportunidad para emprender cambios en las formas de organizar nuestros campos, pueblos y ciudades.

Un tercer factor que está impulsando cambios en la Argentina rural es la demanda de la población de una mayor seguridad personal. El aumento de hechos delictivos, especialmente en las medianas y las grandes ciudades, es un elemento crítico en la Argentina de las últimas décadas. La falta de respuesta a este problema también impulsó la migración de muchas personas hacia las áreas rurales, especialmente a pueblos pequeños y medianos de todo el país.

Finalmente, un factor clave y transformador de las áreas rurales es la revolución tecnológica en las comunicaciones, los transportes y la producción. El desarrollo de la telefonía móvil e internet permitió realizar cambios notables en los sistemas de producción, la educación y la cultura, y mejorar la calidad de vida en general. Si bien la brecha tecnológica entre el campo y las ciudades es enorme, los habitantes de las zonas rurales pueden acceder a nuevos conocimientos, difundir más información, generar nuevos contactos y redes, y encarar emprendimientos productivos impensados décadas atrás. Los cambios en el transporte también contribuyeron a generar nuevas oportunidades. A pesar de las limitaciones impuestas por las grandes distancias y, muchas veces, por el mal estado de los caminos, la movilidad de la población rural se ha incrementado significativamente gracias a la mayor disponibilidad de vehículos automotores y a la difusión del sistema de combis. Finalmente, las tecnologías orientadas a la producción experimentaron cambios profundos en el sector agropecuario –especialmente las AgTech (agricultural technology)–, donde la robótica, la información satelital, la digitalización de tareas y la utilización de softwares específicos permitieron revolucionar las formas de trabajo y producción.

De este modo, la creciente preocupación por el ambiente, las mayores demandas de espacio y equilibrio territorial y el cambio tecnológico impulsaron la aparición de cuatro grandes dinámicas: la migración de población urbana hacia los campos y pueblos, la creación de nuevas redes y formas de gestión del territorio, la recuperación y valorización del patrimonio y la identidad, y la emergencia de una economía rural más compleja y diversificada. Estas dinámicas pueden ser caracterizadas como disruptivas ya que, si persisten en el tiempo, en un futuro no muy lejano podrían modificar la trayectoria histórica de la organización y el funcionamiento rural y generar nuevos itinerarios de desarrollo.

1. La nueva migración hacia el campo y los pueblos

A pesar del proceso de despoblamiento descripto en el capítulo anterior, en la Argentina y en muchos otros países del mundo está ocurriendo un fenómeno particular de migración de las ciudades a las áreas rurales, lo que se denomina "renacimiento rural".[1] Se trata de un proceso lento, todavía no registrado en los censos pero que aparece como inexorable y una tendencia fuerte hacia el futuro.

Se trata de personas que en algún momento de sus vidas se desplazaron a las grandes ciudades (Buenos Aires, Rosario, Córdoba, Mendoza, Tucumán) en búsqueda de trabajo o para estudiar y que luego de permanecer en ellas durante un tiempo (meses o años) deciden regresar a

1. Para una mayor comprensión del proceso de renacimiento rural en la Argentina ver M. Sili, "La migración de la ciudad a las zonas rurales en Argentina: una caracterización basada en estudios de caso", *Población y Sociedad*, 26, 2019: 90-119.

sus lugares de origen. No se trata de personas que descubren el territorio; vivieron y crecieron en él, y vuelven con otras perspectivas de desarrollo personal. Pero también hay miles de personas de origen urbano que deciden iniciar un proyecto de vida rural sin haber tenido contactos previos con el campo. Muchas de ellas manifiestan una postura antiurbanización y aspiran a establecerse en el campo o en pueblos para iniciar una vida diferente, en estrecha relación con la naturaleza.

En general se pueden identificar tres grupos de migrantes:

1) Los jóvenes. Luego de vivir en las ciudades y de estudiar o trabajar en ellas migran a las áreas rurales, solos o con sus nuevas familias, y emprenden alguna actividad profesional, se dedican a la producción agropecuaria o a tareas artesanales. Muchos de estos jóvenes son originarios de las zonas rurales a las que se trasladan; otros son jóvenes urbanos que se desplazan motivados por la posibilidad de emprender un nuevo estilo de vida y que cuentan con el contacto de amigos o familiares.
2) Los jubilados. Después de años de trabajo y de reunir algunos ahorros, muchos jubilados deciden establecerse en una zona rural en búsqueda de un lugar tranquilo y un ambiente más sano. Generalmente eligen el pueblo o el campo donde transcurrió su infancia o un sitio donde cuenten con redes familiares, especialmente sus hijos. Aunque la gran mayoría ya no trabaja, algunos instalan pequeños comercios o adquieren un lote o una pequeña finca donde desarrollar actividades agropecuarias. Gran parte de estos migrantes provienen de la región metropolitana de Buenos Aires.
3) Un tercer grupo muy importante es el de los migrantes de entre 30 y 50 años. Se trata de personas que deciden dejar sus empleos en la ciudad y migrar a los pueblos o al campo en búsqueda de un estilo de vida diferente. Una vez establecidos en el medio rural, se dedican a actividades de teletrabajo o emprenden otras nuevas.

Las causas que originan estas migraciones a las zonas rurales son diversas: la búsqueda de mayor tranquilidad y seguridad, un contacto estrecho con la naturaleza, más espacio y tiempo para actividades familiares, sociales y recreativas, y contención social y familiar. Estos migrantes se plantean la necesidad de construir un nuevo proyecto de vida para ellos y sus hijos en un marco de mayor tranquilidad donde establecer un vínculo mayor con la tierra y en muchos casos con sus familias de origen, aunque esto signifique renunciar a las comodidades o a las actividades que desarrollaban en la ciudad. Otros también buscan contar con servicios que les permitan vivir mejor que en las ciudades, disponer de una vivienda y escuelas para sus hijos, lo que generalmente sucede en los pueblos pequeños. Finalmente, también influye la necesidad de buscar nuevas oportunidades profesionales o laborales y de emprender nuevas actividades o proyectos innovadores.

El proceso migratorio también es potenciado por la mayor disponibilidad de medios de transporte y comunicaciones (transporte automotor, telefonía, televisión, internet). Esto es clave, ya que permite que los nuevos migrantes desarrollen actividades que no siempre están directamente vinculadas con la zona donde viven (teletrabajo); muchas de ellas incluso implican una compleja red de articulaciones que va mucho más allá del ámbito local, regional y nacional.

La experiencia reciente en la Argentina muestra que, si bien se registra en todo el país, el proceso migratorio a las áreas rurales cobra mayor fuerza en zonas con alto valor paisajístico, como las sierras, los valles del norte y los cordilleranos; en los campos y en los pueblos bien comunicados con ciudades medias o grandes que poseen servicios y equipamiento de mayor complejidad; en los pueblos que tienen un importante valor histórico y patrimonial, y en el litoral marítimo.

Las migraciones tuvieron en general efectos muy positivos en las zonas de destino. Por un lado, el aumento de la población potenció la demanda de servicios y equipamiento, lo que impulsó, por ejemplo, la reapertura de salas médicas y de nuevas aulas en las escuelas, y benefició al comercio minorista local. Por otro lado, muchos de los nuevos migrantes se involucran en la vida local y participan en la creación de nuevos emprendimientos, en la revitalización de las organizaciones locales (clubes, asociaciones locales y organizaciones productivas), en la preservación y valorización del patrimonio local (histórico, cultural y paisajístico) y en la provisión de infraestructura y equipamiento. En algunas ocasiones, la llegada de migrantes también genera problemas. Uno de ellos es el incremento del valor de los inmuebles. Aunque constituye una oportunidad de mejorar los ingresos de las familias que rentan viviendas, perjudica a los jóvenes, que ven dificultada la posibilidad de acceder a una y, por lo tanto, de emanciparse, lo que constituye un factor expulsor o de marginalización de la población rural joven. Otro tipo de conflicto, muy importante en la Argentina, se relaciona con el modelo territorial deseado por los diferentes grupos sociales. Mientras la población local generalmente impulsa o demanda el desarrollo de nuevas actividades productivas (más fábricas, empresas y empleo), más asfalto, luces y viviendas, los nuevos migrantes desean una mayor tranquilidad, mejores condiciones ambientales y paisajísticas, servicios de conectividad eficientes y un ambiente social de mayor seguridad. En otras palabras: para unos, el futuro debería ser el crecimiento y el progreso; para los que vienen de la ciudad, el futuro debería ser más naturaleza y seguridad. Así, la definición del modelo a construir muchas veces es incierta y genera conflictos.

Naturalmente, el arribo de personas dispuestas a realizar múltiples y diversas actividades no solo constituye un proceso de renacimiento demográfico. También podría permitir la construcción de una nueva ruralidad, diferente de la estructurada por el modelo de modernización, que consideraba a las áreas rurales solo como un amplio espacio productor de bienes agropecuarios. Decimos "podría permitir" porque, a pesar de que estos procesos migratorios pueden resultar claves en la dinamización de los territorios rurales, existen limitaciones que muchas veces no permiten valorarlos como nuevas oportunidades de desarrollo. Por lo menos, tal como lo visualiza el imaginario colectivo y como indica la experiencia del fenómeno en el hemisferio norte. En Estados Unidos y Europa[2] los procesos de contraurbanización y renacimiento rural fue-

2. Las experiencias de renacimiento rural en Estados Unidos y en Europa han sido exhaustivamente analizadas en los últimos años ya que fueron un factor clave en la dinamización de los territorios rurales, muy especialmente en las zonas de montaña abandonadas en las décadas de 1970 y 1980. Los primeros estudios fueron realizados por B. Berry, "The counterurbanisation process: How general?", en N. Hansen (ed.), *Human Settlement Systems: An International Perspectives on Structure, Change and Public Policy*, Cambridge, Ballinger, 1978, 25-50; P. Cloke, "Counterurbanization: A rural perspective",

ron posibles debido a dos condiciones esenciales: por un lado, el cambio tecnológico y la disponibilidad de infraestructura y servicios al alcance de toda la población, especialmente en materia de conectividad, educación y salud; por el otro, la implementación de una activa política pública de desarrollo rural. Estas dos condiciones lograron transformar las dinámicas demográficas en procesos virtuosos de desarrollo, valorizando recursos, generando innovaciones, diversificando y creando nuevas oportunidades de empleo, y construyendo una mejor gobernanza local.

En el caso de los territorios rurales de la Argentina, estas condiciones no siempre están presentes, por lo tanto, la migración de nuevos actores al mundo rural no siempre genera las dinámicas virtuosas que se esperan. Existen cuatro factores que explican el bajo impacto de la migración ciudad-campo en términos de dinamización y desarrollo. El primero es la falta de infraestructura y equipamiento (agua potable, energía, servicios de salud) en las áreas rurales. Esto limita las posibilidades de asentamiento definitivo de los migrantes, ya que, a pesar del contacto con la naturaleza y un ambiente más sano, impide alcanzar una calidad de vida equiparable a la de las ciudades medias. Por esta razón, el proceso migratorio no siempre se orienta a las zonas rurales de menor población, sino hacia las ciudades pequeñas, donde existe un umbral mínimo de servicios y equipamiento. El segundo factor es la degradación ambiental y paisajística como consecuencia de la ausencia de planificación territorial y ambiental. El crecimiento poblacional, la construcción de nuevas viviendas, los emprendimientos productivos y la dotación de infraestructura (líneas eléctricas, rutas, redes de gas) muchas veces impactan y deterioran el paisaje, el patrimonio histórico y las condiciones de vida en general. Las zonas donde esto ocurre pierden su atractivo y, por lo tanto, nuevas oportunidades de inversión y desarrollo. El tercer factor alude a la lógica de desarrollo económico en la Argentina, la cual privilegia

---

Geography, 70, 1985: 13-29; B. Kayser, *La renaissance rurale: sociologie des campagnes du monde occidental*, París, Armand Colin, 1990; R. Perry, K. Dean y B. Brown, *Counterurbanization: Case Studies of Urban to Rural Movement*, Glasgow, GeoBooks, 1986; y más recientemente por J. García Bartolomé, "Sobre el concepto de ruralidad: crisis y renacimiento rural", *Política y Sociedad*, 8, 1991: 87-94.

la realización de actividades de gran escala, en lugar de la creación y diversificación de nuevas actividades en pequeña escala, capaces de generar oportunidades de empleo o autoempleo. De este modo, los nuevos microemprendimientos productivos que intentan emprender los nuevos migrantes (artesanado, producción de alimentos orgánicos, entre otros) a menudo no son viables ni sostenibles por la falta de rentabilidad y apoyo a lo largo del tiempo. Para prosperar se requieren políticas que brinden un marco de crecimiento y desarrollo. Ante su ausencia, la dinámica económica productiva solo viabiliza la migración de personas que dispongan de empleos dependientes de las ciudades de origen (teletrabajo), de personas que hayan sido trasladadas o asignadas a estas zonas, que desarrollen actividades productivas rentables generadas por ellos mismos, o que se desempeñen en servicios profesionales (médicos, técnicos especializados, contables, entre otros). El último factor –tal vez el más importante– que impide aprovechar el potencial dinamismo de la nueva migración ciudad-campo es la debilidad institucional de los gobiernos locales y su incapacidad para generar estrategias de desarrollo que incluyan a los migrantes y las actividades que realizan. Habitualmente, la preocupación central de los gobiernos locales termina siendo la captación de recursos para obras de infraestructura antes que el diseño de estrategias locales de desarrollo que contemplen las migraciones como un vector de profundas transformaciones.

La combinación de estos cuatro factores (carencia de infraestructura, ausencia de una adecuada planificación y de políticas macroeconómicas, y debilidad institucional) limitan o neutralizan las oportunidades que podría generar el proceso de renacimiento demográfico, porque reducen las posibilidades de generación de nuevos proyectos, porque provocan la degradación de los recursos locales o porque directamente obstaculizan el proceso migratorio. La experiencia argentina muestra que solo los territorios rurales capaces de revertir estos factores pueden aprovechar el fenómeno y convertirlo en una dinámica virtuosa generadora de oportunidades y desarrollo territorial, mediante nuevos emprendimientos, innovaciones, la valorización de recursos locales y la creación de infraestructura. Aquellos que no logran resolver estas problemáticas, especialmente en materia de planificación e infraestructura, se sumergen en un proceso de deterioro ambiental y social, y pierden la oportunidad de generar dinámicas más sinérgicas de desarrollo. De este modo, si bien el proceso migratorio de la ciudad al campo se registra en muchas zonas del país, solo constituye un factor clave en aquellas donde se conjugan ciertas condiciones favorables, como la presencia de atractivos naturales y paisajísticos, el acceso a una buena conectividad y accesibilidad, y gobiernos locales dinámicos que planifiquen y ejecuten estrategias de desarrollo.

2. La creación de nuevas redes y formas de gestión del territorio

La emergencia de nuevos actores también se acompaña con la emergencia de otras formas de gestionar las dinámicas del desarrollo de los territorios. Históricamente, el desarrollo de una zona rural en la Argentina dependió de dos grandes variables. Una fue la acción pública, es decir, la intervención de los municipios, de los estados provinciales y el nacional mediante políticas y proyectos de creación de infraestructura (viviendas, escuelas, pavimento, provisión de agua potable), de apoyo a algún tipo de producción en el campo o a las pymes de los pueblos, y de financiamiento de los servicios de salud y educación. La segunda variable fue la iniciativa privada, es decir, las inversiones y las actividades del sector privado, generalmente en el sector agropecuario y agroindustrial. De aquí surge la famosa frase "Si el campo anda bien, el pueblo y la zona andan bien". La acción colectiva, es decir, la acción protagonizada por organizaciones sociales, clubes, grupos de productores o de vecinos, también fue importante. Aunque se circunscribió al ámbito de la vida social y cultural, en muchos casos esta acción colectiva tuvo una intervención notable en la provisión de servicios locales de luz, agua, gas, televisión, internet, servicios sociales, etc., mediante la acción de cooperativas locales, consorcios rurales, entre otras.

Así, la dinámica de un territorio rural dependía de las formas en que el Estado en todos sus niveles sostenía la disponibilidad de infraestructura y servicios, y de las formas en que el sector privado (generalmente, el agropecuario) generaba empleo y riqueza. Esta lógica de gestión del desarrollo de los territorios rurales operó en forma estable hasta la década de 1990, cuando se rompió el contrato implícito entre Estado y mercado, y emergió un nuevo modelo de articulación, en el que el primero redujo sus funciones y el segundo las amplió. Durante esa década, la privatización de numerosos servicios estatales o su descentralización al nivel municipal redujo la capacidad del Estado de estructurar o controlar los territorios, que quedaron a merced de las dinámicas de los mercados y de la acción privada.

Sin embargo, hoy emergen nuevas formas más innovadoras de construcción de la acción y el desarrollo en las áreas rurales. Organizaciones sociales, comunidades campesinas, grupos de productores, grupos de interés de diferente tipo, grupos de mujeres organizadas, entre muchas otras, generan nuevos ámbitos de discusión, de trabajo, de gestión, configurando así nuevas formas de gobernanza y de construcción del desarrollo rural, dialogando y coordinando acciones con el sector público y con el sector privado desde un lugar diferente, con mucho mayor protagonismo local. En otras palabras, la acción colectiva, es decir los habitantes de las áreas rurales organizados a través de múltiples formas, emergió con fuerza y asumió nuevas funciones para construir soluciones a los problemas del mundo rural que no son atendidos por el Estado y el mercado.

Hay numerosas formas de organización de la acción colectiva. Hay organizaciones que se centran en la animación cultural (el mantenimiento de teatros y centros de exposición cultural, intercambios culturales, etc.), la organización de eventos sociales y comunitarios (cenas, fiestas comunitarias, etc.), la animación deportiva (clubes que organizan diversas actividades y campeonatos) y la realización de actividades comunitarias vinculadas con la salud y la sanidad. Otras organizaciones se orientan a la promoción y organización del desarrollo productivo, la mejora de la comercialización de productos (creación de ferias y encuentros de productores), y la organización de redes y clústeres de productos (redes de emprendedores de turismo rural, redes de productores hortícolas, redes de artesanos, organización de grupos productivos o asociaciones de productores). En tiempos más recientes también se generaron movimientos y organizaciones de defensa del patrimonio local (comisiones locales para el rescate de infraestructura y equipamiento como son pueblos, almacenes de campo, estaciones de ferrocarril, museos) y la mejora de las condiciones ambientales y sanitarias (conservación del paisaje y lucha contra la contaminación con agroquímicos). Toda esta gran diversidad de organizaciones colectivas, si bien han tenido un rol muy importante en la promoción de nuevas dinámicas de desarrollo, también han sido fundamentales para la supervivencia de diversas instituciones locales (clubes, asociaciones culturales, organizaciones ambientales), ya que permiten generar ingresos que les aseguren la continuidad. En otros casos también desempeñan un rol muy importante en la promoción de actividades destinadas a los jóvenes con el propósito de ofrecerles espacios propios en la comunidad, donde puedan fortalecer los vínculos entre ellos y evitar problemas de violencia y adicciones, entre otros. En síntesis, existe una percepción de que muchas de estas acciones colectivas son "reparadoras" de problemáticas locales no resueltas por las políticas públicas.

Más allá de todas estas dinámicas emergentes de carácter sectorial, lo que importa resaltar es que, gracias a nuevas formas de promoción y animación territorial, estas iniciativas se van articulando, coordinando, negociando con la acción pública y la acción privada, dando lugar a una nueva dinámica de desarrollo más integral, ahora de carácter más territorial, lo cual permite resignificar la identidad local y construir un nuevo sentido del territorio. Se va pasando así de lógicas sectoriales donde lo que importa es la situación de diferentes problemáticas específicas (salud, agua, producción, ambiente) a una lógica territorial donde lo que importa es el desarrollo del territorio en su conjunto.

Estos procesos sinérgicos que vinculan la acción pública, la acción privada y la acción colectiva, no son privativos solamente de las zonas más marginales, donde es posible reconocer experiencias integrales de mejora del territorio, que involucran la generación de nuevos productos y empleos, la creación de nuevas infraestructuras, o la mejora de las condiciones educativas, por ejemplo. También en las regiones más ricas y dinámicas emergen iniciativas, por ejemplo, de mejora de la educación rural, la generación de iniciativas culturales, la valorización del patrimonio y el ambiente, la mejora de caminos, entre tantas otras actividades, que van confluyendo en la construcción de procesos de desarrollo territorial más integrales.

Cientos de experiencias en la Argentina rural muestran y ejemplifican estas experiencias. La dinamización de los valles de altura en Salta y Jujuy con organizaciones campesinas y el apoyo de ONG y el INTA, las redes de turismo rural y la dinamización de territorios marginales en la Patagonia, y la creación de mesas de desarrollo rural participativas en varias provincias son claros ejemplos. De esta manera, el desarrollo de las áreas rurales ya no es el resultado de acciones aisladas del sector público (creando infraestructuras por ejemplo) o del privado (creando un emprendimiento productivo, por ejemplo), sino que es el resultado de un nuevo juego complejo, de articulación y coordinación entre la acción pública, liderada por el estado municipal o provincial, o de organismos técnicos como el INTA; la acción privada llevada adelante por productores, comerciantes, empresarios, y la acción colectiva, impulsada por organizaciones empresariales de campesinos, de mujeres, de jóvenes, entre muchas otras. El intendente o el gran empresario local ya no son siempre los actores hegemónicos del desarrollo, sino que nuevas organizaciones colectivas y figuras emergen como claves en la construcción y dinamización del desarrollo. En este contexto, nuevos líderes de organizaciones, extensionistas, agencias de desarrollo y animadores locales, entre muchas otras figuras posibles, son claves para impulsar, animar y coordinar nuevas acciones y dinámicas locales de desarrollo.

3. La recuperación y la valorización del patrimonio y la identidad

Las nuevas formas de pensar y gestionar el desarrollo se asocian también a formas novedosas de recuperación y valorización del patrimonio y la identidad. La Argentina atravesó décadas de modernización a paso forzado en la que el consumo, la tecnología y la novedad eran las condiciones para el desarrollo de la sociedad, y lo rural era considerado como un sinónimo de retraso. En el mundo rural de hoy se observa una paulatina renovación de las ideas de identidad y patrimonio como elementos que remiten a valores y a una cultura específica, diferentes de la idea de modernidad urbana pero igualmente válidas, que merecen ser respetadas porque permiten construir nuevos sentidos a la vida rural.

Esta renovación se manifiesta en la valorización del patrimonio biocultural, tanto intangible (las fiestas típicas, los conocimientos tradicionales, la religiosidad, la medicina tradicional, las técnicas productivas, las costumbres, los estilos de vida, la música) como tangible (los recursos naturales, los agroecosistemas, los recursos fitogenéticos, el paisaje, la arquitectura local, las artesanías, los productos locales).

La valorización del patrimonio contribuye a la consolidación de la identidad individual y colectiva, a la construcción de un sentido comunitario y a la visibilización de lo rural. Permite además generar nuevos productos (artesanías) y servicios (como el turismo), lo que impulsa el surgimiento de numerosos emprendimientos y la generación de empleo. Así, cada pueblo, paraje o región resignifica su patrimonio biocultural en función de sus intereses, sus necesidades y sus contextos territoriales mediante nuevas iniciativas o actividades, especialmente en aquellas zonas que cuentan con un patrimonio histórico y cultural importante. Los ejemplos abundan: la celebración de fiestas locales tradicionales que congregan a los pobladores de la región y afirman su identidad, el rescate de la gastronomía local (como en la quebrada de Humahuaca y la puna, y las fiestas locales de comidas típicas), la valorización de cultivos, técnicas y saberes ancestrales, el desarrollo de artesanías de diferentes tipos y materiales, el rescate del patrimonio edilicio y de infraestructura y equipamiento (estaciones de ferrocarril, museos, boliches de campo y pulperías, cementerios, iglesias, almacenes de ramos generales), el rescate y la valorización del patrimonio biológico, de la flora y la fauna (sobre todo de especies en peligro de extinción, como el huemul, el venado de las pampas, el tapir y cientos de aves).

El impacto de estas iniciativas ha sido exhaustivamente analizado en América Latina y en la Argentina. En todos los estudios se observa que el impulso y la implementación de actividades que valorizan el patrimonio biocultural generan nuevas oportunidades de empleo, siendo por lo tanto un factor de sostén y desarrollo de numerosas zonas rurales. Debido a que muchas veces estas actividades se hallan en manos de la población más vulnerable, en el futuro pueden constituir un elemento clave en la formulación de estrategias de diversificación, creación de nuevas fuentes de ingresos e implementación de un modelo de desarrollo más inclusivo. Sin embargo, la recuperación y la valorización del patrimonio biocultural no se agotan en la generación de empleo; por el contrario, tienen una connotación identitaria fundamental, ya que fortalecen la identidad rural, la autoestima y el orgullo por el territorio. En este sentido, es importante destacar que las sociedades rurales de todo el país intentan construir alternativas para el desarrollo económico y sociocultural apelando a sus propios territorios y a sus propias historias. En otras palabras, adoptan una mirada endógena que rompe con la tradición de esperar la llegada de "la fábrica", de la obra pública o de las inversiones externas como solución a los problemas de falta de empleo local. Esto constituye una ruptura histórica, ya que implica la revalorización de lo rural y el redescubrimiento del territorio y del patrimonio como elementos clave en la construcción de sus itinerarios de desarrollo frente a la histórica espera de soluciones externas, de soluciones mágicas que permitan resolver los problemas locales.

4. La emergencia de una economía rural más compleja y diversificada

Como hemos visto anteriormente, en las últimas décadas la producción agropecuaria creció notablemente en toda la Argentina rural, pero también se crearon nuevos bienes y empleos en el comercio, el turismo, las pequeñas industrias y los talleres, y los servicios personales. También se desarrollaron nuevas tecnologías y prácticas productivas que aplican conocimientos y aportes científicos y tecnológicos muy diversos, muchos de ellos con un fuerte contenido local y más vinculados con las necesidades de los territorios y su población. Nos hallamos así frente a la emergencia de una economía rural mucho más compleja y diversificada, que incorpora nuevas actividades y formas de hacer, y dinamiza no solo al campo, sino muy especialmente a cientos de pueblos y pequeñas ciudades.

Existen dos grandes procesos que se articulan y se retroalimentan. El primero es la diversificación productiva, caracterizada por la generación de iniciativas de todo tipo en la agricultura, la ganadería, las manufacturas, las artesanías y los servicios, que enriquecen la matriz productiva local. La lista podría ser interminable: por ejemplo, la producción intensiva de frutas y frutos secos, hortalizas (especialmente en zonas periurbanas); animales menores, peces, carne y subproductos de animales nativos; la elaboración de productos alimentarios como quesos, dulces, conservas y comidas preparadas; la fabricación de productos industriales y artesanales de fibras y tejidos, cestería, cueros y pieles; el desarrollo de nuevas actividades metalúrgicas, de maquinarias, fabricación de muebles y productos de la madera, y una interminable lista de servicios de todo tipo, orientados al desarrollo productivo como servicios contables, financieros, legales, pero también servicios ligados a la economía residencial, como servicios personales, educativos, de salud. También emergieron con mucha fuerza nuevas actividades y servicios de turismo rural, los cuales se despliegan en todo el país bajo diferentes modalidades; estas actividades tienen además una importancia clave, pues permiten visibilizar la realidad del mundo rural y contribuyen a construir una nueva relación campo-ciudad. Aunque la lista puede ser muy extensa, lo importante es que muestra el proceso de innovación en los campos y los pueblos que, además de los miles de productos, incluye diferentes modelos tecnológicos y escalas.

Un ejemplo particular de diversificación y complejización productiva basada en la utilización intensiva de conocimiento es la llamada "bioeconomía".[3] Se trata de proyectos productivos que permiten el aprovecha-

3. La bioeconomía puede definirse, en un sentido muy amplio, como el conjunto de actividades que abarca la producción de los recursos biológicos renovables y su conversión en alimentos, forrajes, productos de base biológica y bioenergía. Incluye el sector agropecuario, la actividad forestal, la pesquera, la producción alimentaria y de pulpas y fibras, así como a sectores de la industria química y de las industrias energéticas, de la salud y de producción de medicamentos (ver Secretaría de Gobierno de Ciencia, Tecnología e Innovación Productiva de la Nación, *La bioeconomía como estrategia para el desarrollo argentino*, Buenos Aires, 2019). Más allá de esta definición, hay que señalar tres elementos clave. En primer lugar la bioeconomía aparece como un nuevo paradigma de desarrollo productivo que integra los tradicionales sectores de la producción y transformación de bienes de origen biológico, pero que además alcanza nuevos productos que aprovechan en forma más eficiente a aquellos y sus derivados y desperdicios. En segundo lugar, la innovación científica y tecnológica y la creación de conocimientos juega un rol clave en la emergencia de nuevos productos y procesos, y en tercer lugar aparece la idea de eficiencia y competitividad en el aprovechamiento de los recursos de

miento de productos biológicos (genes, bacterias, plantas y animales) y sus desechos. En la emergente bioeconomía argentina se distinguen cuatro sectores clave. Uno incluye proyectos de sustitución de energía fósil, como la producción de biogás, bioetanol y biodiésel, y la generación de energía eléctrica a partir de residuos de las cosechas o de desechos de algunos productos (cáscara de maní) o de la biomasa forestal (eucaliptos). Estas iniciativas adquirieron gran importancia en la región pampeana, con la producción de biodiésel, y en el NEA y NOA, con la de bioetanol derivado de la industria azucarera y la actividad forestal. El segundo sector es el de los proyectos de aceleración e impulso del sector primario, como la creación de nuevas variedades de semillas, fertilizantes, funguicidas, insecticidas y herbicidas naturales, y el desarrollo de nuevas especies vegetales con potencial medicinal y comestible. Estas iniciativas, en su mayoría llevadas adelante por empresas con una fuerte capacidad científico-tecnológica, son muy potentes en el sector agropecuario pampeano y en las economías regionales con productos de alto valor (viñedos, frutales, etc.). Un tercer sector corresponde a los proyectos de uso más eficiente de biomasa, como el reciclado de productos y desechos de cosecha, el aprovechamiento de residuos de la vitivinicultura en Cuyo y en el Alto Valle del río Negro, y la producción de polímeros biodegradables a partir de residuos vitivinícolas y olivícolas. Finalmente, el cuarto sector incluye nuevos productos de muy alto valor, como los alimentos nutracéuticos, productos para la industria farmacéutica y los bioplásticos. Algunos ejemplos de estos procesos son los productos derivados

---

origen biológico, aunque ninguna definición explicita el sentido social de esta eficiencia y competitividad, lo cual deja abierta las puertas a múltiples interpretaciones y sentidos en torno a la bioeconomía. Para una mayor comprensión del paradigma de la bioeconomía se recomienda E. Jaramillo, G. Henry y E. Trigo, *La bioeconomía*, Bogotá, Pontificia Universidad Javeriana, 2019; J. Bryden *et al.*, "Inclusive innovation in the bioeconomy: Concepts and directions for research", *Innovation and Development*, 7, 2017: 1-16; R. Bisang *et al.*, *Bioeconomía, cambio estructural, nuevos desafíos y respuestas globales: una ventana de oportunidad para las producciones basadas en recursos naturales renovables*, Buenos Aires, Ministerio de Agricultura, Ganadería y Pesca, 2015. Para una reflexión sobre el impacto de la bioeconomía en torno al desarrollo rural se recomienda T. Marsden y F. Farioli, "Natural powers: From the bio-economy to the eco-economy and sustainable place-making", *Sustainable Science*, 10, 2015: 331-344.

del algarrobo, los edulcorantes naturales, los medicamentos elaborados a partir de proteínas recombinantes, el desarrollo de nuevas vacunas e inyectables líquidos para tratamientos oncológicos, y la producción de aceites de esencias con fines aromáticos y cosmetología, inoculantes, biofertilizantes, y levaduras, entre muchos otros productos.

Estas iniciativas abren la puerta a la implementación de nuevos sistemas de producción capaces de producir una infinidad de productos a partir de conocimientos generados en centros de investigación públicos y privados, y de conocimientos locales. En la actualidad, la bioeconomía es considerada una gran oportunidad para expandir los límites de la producción. Sin embargo, también recibe fuertes críticas que apuntan a la manipulación de los recursos vivos (especialmente, en el caso de los organismos genéticamente modificados) y al control de los recursos y las innovaciones por los conglomerados empresariales (especialmente las patentes y los derechos) en perjuicio de las comunidades locales. Ciertamente, el control y el impacto de estas iniciativas serán un tema clave en el futuro. Será necesario trabajar para evitar la aparición de un sesgo tecnocrático y elitista que, en lugar de contribuir al desarrollo de los territorios rurales, profundice el modelo del agronegocio más concentrado y ligado a la exportación, ya no solo de productos primarios, sino también de derivados energéticos o de biomasa. Sin una adecuada estrategia bioeconómica nacional, sustentada en la participación de actores locales diversos y en el desarrollo tecnológico, es muy probable que la Argentina ingrese en un nuevo ciclo productivo estructurado en torno a productos con altos niveles biotecnológicos, como la bioenergía, pero claramente dependiente de los conglomerados de empresas internacionales que dominan la biotecnología.

La diversificación en el campo y en los pueblos también alcanza al sector de los servicios. Por ejemplo, los servicios ligados al turismo crecieron en forma notable y generaron miles de puestos de trabajo de diverso tipo en la hotelería, restaurantes, atención al turista, comercios de productos locales y regionales, artesanías, entre otros. Este fenómeno dinamizó muchas zonas rurales, especialmente aquellas vinculadas con los circuitos turísticos tradicionales. También crecieron, en cantidad y complejidad, los servicios a la producción agropecuaria, que demandan nuevas capacidades y especialidades. Así, por ejemplo, el tradicional taller mecánico del pueblo ahora ofrece servicios más complejos e informatizados, capaces de resolver problemas que afectan a maquinaria sofisticada. Asimismo, se desarrollaron nuevos servicios de apoyo a las empresas del sector agropecuario, como estudios contables, administrativos y legales, servicios de marketing y de apoyo a la producción (contratistas de todo tipo según las regiones y la actividad productiva) y nuevos servicios de comunicación. Si bien crecieron en todas las áreas rurales, estos servicios de apoyo al sector primario son particularmente importantes en las ciudades pequeñas. Por último, se destaca el gran desarrollo de una economía de servicios destinados a la población en general, públicos y privados, como los relacionados con la educación, la salud, el ocio y la recreación, el comercio minorista, los servicios personales, y los que son responsabilidad del Estado, como las fuerzas de seguridad (policía y centros penitenciarios). La expansión de los servicios, tanto en los pueblos como en las pequeñas ciudades, generó un círculo virtuoso de crecimiento y dinamismo económico que potenció las economías locales. Tanto es así que en muchos casos el empleo local depende más de este tipo de economía residencial que de las tradicionales actividades agropecuarias. La complejización en la prestación de servicios también se vincula con la llegada de nuevos migrantes, ya que estos generaron una demanda más sofisticada y compleja, especialmente en los servicios educativos (demanda de escuelas bilingües, cursos de formación de idiomas, entre otros), de salud y comerciales.

Este proceso de diversificación de la producción y el empleo en la Argentina rural está conformando un nuevo paisaje productivo mucho más complejo que en décadas pasadas. Si bien el peso de las actividades agropecuarias sigue siendo clave, las nuevas actividades y servicios enriquecen la matriz productiva y generan nuevas oportunidades de empleo para la población, lo que permite pensar en nuevos itinerarios de desarrollo.

El segundo proceso en marcha es el cambio en las formas de producción. En el mundo rural argentino hay una lenta pero sostenida transformación de las formas y los modelos de producción, con una expansión de prácticas productivas más sustentables y ancladas en la historia y el patrimonio local. Así, se observan nuevas prácticas que utilizan cultivos de cobertura u otras prácticas innovadoras, además de la agroecología, la producción orgánica, la agricultura biodinámica y la agroforestería, en diferentes tipos de cultivos y en la producción ganadera. También se valorizan los recursos biológicos en forma más racional, con un aprovechamiento más integral de los productos y los subproductos, generando lógicas de economía circular. Hay también un creciente interés y una importante multiplicación de experiencias de certificaciones de calidad, de sellos territoriales, de formas de procesamiento, lo que implica un interés por la calidad y por anclar los productos a territorios con identidad.

Las nuevas prácticas más sustentables desde el punto de vista ambiental han permitido, en las diferentes regiones y en diversos tipos de escalas productivas, generar productos de calidad, con una mayor vinculación con las condiciones históricas y naturales del territorio. Se han generado así nuevas oportunidades productivas locales y se han mejorado o mantenido los niveles de rentabilidad, dado el menor uso de insumos y la utilización más inteligente de los recursos. Estas prácticas están basadas en un mayor diálogo con los procesos naturales, en el aprovechamiento de múltiples servicios ambientales, en un nuevo diálogo de saberes, y en nuevos conocimientos científicos y tecnológicos de los procesos naturales. Estas prácticas, a las que se suman la agroecología[4] y la bioeconomía, irrumpen con fuerza en los últimos años en todas las regiones, internalizando la preocupación por las condiciones del ambiente. Si bien no son mayoritarias, abren las puertas a una nueva revolución

4. La agroecología ha emergido en las últimas décadas como un nuevo paradigma productivo más respetuoso de las condiciones ambientales y culturales. Apela a nuevos conocimientos de los procesos biológicos en relación con la dinámica del territorio y la sociedad. La agroecología ha sido detractada como sistema productivo capaz de producir bienes y servicios en forma sustentable; no obstante, la experiencia internacional ha dado sobradas pruebas y evidencias de que la producción agroecológica es sustentable, rentable desde el punto de vista económico y con un alto impacto positivo en términos de desarrollo de los territorios rurales. Para un análisis pormenorizado sobre la agroecología y su impacto se recomienda J. van der Ploeg *et al.*, "The economic potential of agroecology: Empirical evidence from Europe", *Journal of Rural Studies*, 2019; M. Altieri y C. Nicholls, "Agroecología: única esperanza para la soberanía alimentaria y la resiliencia socioecologica", *Agroecología*, 7 (2), 2012: 65-83; M. Altieri y V. Toledo, "La revolución agroecológica en América Latina: rescatar la naturaleza, asegurar la soberanía alimentaria y empoderar al campesino", *El Otro Derecho*, 42, 2010: 163-202.

en el sector agropecuario, del modo en que lo hizo la revolución verde en las décadas de 1960 y 1970.

De esta manera, todos los esfuerzos por diversificar la economía rural y crear modelos productivos más sustentables en marcha están abriendo un camino posible para la configuración de una nueva lógica de producción de bienes y servicios, que durante mucho tiempo va a coexistir con el modelo agroexportador tradicional centrado en pocos productos. Se trata de una nueva lógica productiva que apunta a la construcción de un modelo o régimen sociotécnico más diversificado, que impulse procesos de transformación e industrialización innovadores, respete la diversidad y la sustentabilidad ambiental, garantice un mayor anclaje local de la renta y sea capaz de generar nuevas oportunidades de desarrollo en el medio rural.

4. El nuevo modelo de organización y desarrollo de los territorios rurales

El modelo de organización rural, heredado del proceso de modernización agraria y caracterizado por el abandono de lo rural como espacio de vida, ya no es hegemónico. Todas las innovaciones productivas, sociales y demográficas que se están produciendo en los territorios rurales lo van modificando, reconfigurando y alumbrando nuevos caminos posibles. Nos hallamos así frente a una nueva etapa histórica que es necesario moldear.

Ahora bien, ¿cuál es el modelo de organización y desarrollo de los territorios rurales que podría emerger de los procesos de innovación y transformación en marcha? ¿Qué características tendrían esos territorios? ¿Cómo serían en definitiva los territorios rurales del futuro?

En este capítulo intentaremos delinear y describir los rasgos generales que podría tener un nuevo modelo de organización y desarrollo de los territorios rurales. No obstante, esta propuesta evita una mirada romántica e idílica que piensa en un retorno a la vida rural de antaño; al contrario, se sustenta en una comprensión real de los tiempos que vivimos, ya que otro es el contexto y otros los problemas y desafíos hacia el futuro. Lo que queda claro es que los territorios rurales que se proponen hacia el futuro serán muy diferentes a los del período de la modernización agraria, o a los del período de sustitución de importaciones, o a los de principios de siglo XX.

La definición de esta propuesta de nuevo modelo de organización de los territorios rurales no es azarosa ni el fruto de un capricho intelectual, sino que resulta de la combinación de tres elementos clave. En primer lugar, surge de una lectura prospectiva y estratégica de los grandes factores innovadores, disruptivos y estructurantes de futuro rural que aparecieron en las últimas décadas (a los que nos referimos en el capítulo 3) y se aceleraron con la pandemia de covid-19. Estos factores señalan una trayectoria posible, un camino a seguir, y permiten darle un fundamento empírico e histórico a esta propuesta. En segundo lugar, la propuesta resulta de un esfuerzo por interpretar las demandas y las necesidades de la población y de los territorios rurales en términos de modos de producción, empleo y calidad de vida, teniendo en cuenta especialmente la pulsión natural de la población por construir un proyecto de vida en sus lugares. En tercer lugar, este modelo surge de un sentido estratégico, que considera lo rural como un territorio clave en el desarrollo argentino hacia el futuro, por la posibilidad de construir nuevos equilibrios territoriales, superando el viejo modelo urbanocéntrico; pero también, y muy especialmente, por la capacidad que tienen los territorios rurales (y los recursos naturales disponibles) de contribuir a la construcción de un nuevo modelo y paradigma de desarrollo nacional, superador del modelo agroexportador y de industrialización y sustitución de importaciones, un nuevo modelo capaz de posicionar a la Argentina en nuevos escenarios geopolíticos internacionales.

Respondiendo a las preguntas iniciales de este capítulo, los territorios rurales propuestos hacia el futuro tendrían las siguientes ocho características que describimos a continuación.

1. Territorios con identidad

A pesar del creciente interés por el mundo rural, en el imaginario colectivo de la Argentina persiste la idea de lo rural como un lugar de retraso social y cultural; un lugar donde no pasa nada y que no ofrece ninguna razón para establecerse. Frente a él se levanta el mundo urbano, que se posiciona como la meca de la modernidad y el progreso, como el lugar de la velocidad, el atrevimiento y el anonimato. Esta imagen, tan arraigada en la cultura nacional, se construye por dos vías. En primer lugar, desde las grandes ciudades, a través de los medios masivos de comunicación, que presentan al mundo rural como el territorio de los paisanos, buenos pero lentos, simples, casi sin ambiciones, un lugar rústico donde imperan la tradición y la falta de educación, o, por el contrario, como el territorio de la oligarquía terrateniente. Pero también es alimentada por la misma población rural, que asume la idea de retraso sociocultural frente a la modernidad urbana. Expresiones como "en este pueblo no pasa nada" o "para progresar hay que irse a la ciudad" reflejan de manera exacta cómo piensan millones de argentinos, y muy especialmente la población joven. En este contexto, la construcción de un nuevo modelo rural en la Argentina implica, ante todo, transformar, valorizar y fortalecer la identidad rural.

En nuestra propuesta de mundo rural del futuro, los territorios rurales asumen una identidad propia enriquecida, que se nutre de la aceptación y la valoración de sus formas de organización, del vínculo que mantienen con la naturaleza, del patrimonio que albergan, de los modos de trabajar y producir, de las formas como vive, piensa y actúa su población, y, finalmente, de la cosmovisión que construyen a partir de todo lo anterior. De esta manera, la condición de rural no se niega a sí misma, ni se piensa como un lugar de atraso, sino que se valoriza en función de sus capacidades y aptitudes. Esta identidad renovada posiciona a los habitantes del mundo rural como ciudadanos plenos de derecho y no como personas olvidadas en el patio trasero de la patria.

La consolidación de una identidad rural, propia y valorizante no es de ningún modo una tarea utópica y lejana; al contrario, numerosos factores contribuyen a fortalecerla. La recuperación y valorización del patrimonio paisajístico y arquitectónico, la recuperación de saberes ancestrales, la elaboración de artesanías y la preparación de comidas, el mantenimiento de tradiciones locales, las nuevas miradas que se construyen sobre lo rural e impulsan procesos migratorios hacia el campo y los pueblos son algunos factores clave en la consolidación de la identidad, los cuales deberán apoyarse en las nuevas tecnologías de la información y la comunicación. Pero no basta con elementos propios de la cultura; la identidad solo se consolida si se generan oportunidades laborales y económicas reales que posibiliten la permanencia en el lugar, trabajos que les permitan a las personas –a los jóvenes en particular– construir un proyecto de vida.

Pero para que florezca y se revitalice una nueva identidad rural, es imprescindible también desarmar el inmenso aparato ideológico que se cierne sobre lo rural, construido desde hace décadas, desde diferentes sectores sociales y políticos que miran al campo y a sus habitantes como los padres de las desgracias nacionales, como los enemigos de las causas populares que habitan en las ciudades y como lugares donde el único camino posible es partir. La reversión de esta mirada solo es posible sumergiéndose en la realidad rural de la Argentina, de modo de comprender las formas de sentir, pensar y actuar de su gente, pero no solo de la pampa húmeda, desde Monte Maíz, Santa Teresa, Pergamino o Rafaela, lugares emblemáticos del desarrollo agroexportador argentino, sino también y sobre todo de cientos de pueblos y parajes invisibilizados, como Ingeniero Juárez, Gan Gan, Santa Isabel, El Pichao, La Sarita, Pozo Azul y tantos otros cientos de lugares de la vasta geografía rural argentina.

2. Territorios innovadores

La revolución rural debería ser encabezada por la educación y la innovación. Como sucede con la identidad, en el imaginario colectivo lo rural muchas veces es visto como un símbolo de retraso y, hasta cierto punto, como un lugar donde prima la ignorancia y la falta de preparación, mientras la ciudad es considerada el lugar de la creación, la innovación y el conocimiento. En parte, esta postura responde a una vieja idea de que el mundo rural se sustenta y funciona solo gracias al conocimiento local, producto de la experiencia y la herencia, transmitido de generación en generación, como las técnicas tradicionales de uso de los recursos, las costumbres y las formas de trabajar o de organizar la vida local. Por su parte, se asume que el conocimiento moderno capaz de transformar la realidad es producto del desarrollo científico y tecnológico generado en las ciudades y no requiere la acumulación histórica ni las experiencias prácticas locales. Este tipo de conocimientos e innovación adquirió un carácter hegemónico: además de controlar los procesos productivos, excluye el diálogo de saberes y los conocimientos ancestrales y locales, a los que considera marginales, folclóricos e incapaces de construir soluciones para el mundo rural. Así, la ciencia y la tecnología son valorados como los factores capaces de transformar y desarrollar los territorios rurales, especialmente los sistemas de producción agropecuaria. Sin embargo, la experiencia nacional e internacional demuestra que el diálogo y los puentes entre los conocimientos y las prácticas locales (*local knowledges*) y los conocimientos científicos y tecnológicos modernos son capaces de generar nuevas dinámicas de desarrollo y abren las puertas a nuevas soluciones para el mundo rural.

En el escenario deseado, lo rural debe ser considerado, entonces, como territorios donde impere una lógica de innovación, de generación de conocimientos y capacidades que permitan pensar en soluciones hacia el futuro. Esta innovación se construye a través de un mayor diálogo entre múltiples formas de saberes, entre conocimientos locales heredados de la historia y los conocimientos técnicos provenientes de los modernos avances científicos y tecnológicos. La lógica de innovación se traduce en múltiples dimensiones de la vida, en la generación de nuevos procesos productivos,[1] en la creación artística y cultural, en la gestión del patrimonio y los recursos locales, en nuevas formas de gestión de infraestructura y equipamiento, en nuevas formas de ocio y recreación. Se podrían escribir libros sobre buenas prácticas de procesos innovadores en el mundo rural argentino que, claramente, exceden el desarrollo de un producto o una variedad de semilla o un insumo, y los conocimientos de laboratorios.

Por otro lado, en el escenario rural deseado, la educación es la llave maestra del cambio. Lo rural debe ser pensado como territorios donde

1. Hay innumerables experiencias en territorios rurales de Europa, por ejemplo, la asociación Artigiani en Alemania que valoriza conocimientos ancestrales y actuales en la elaboración de productos de madera, la producción de papel con tecnologías modernas y tradicionales a partir de fibras textiles en Portugal. En América Latina, donde se valorizan conocimientos tradicionales andinos para la producción y conservación de tubérculos, o las experiencias de recuperación de conocimientos tradicionales de cocina y su reelaboración con métodos modernos en los chacinados en Tandil o en Córdoba. También las experiencias de varios países de Asia, donde se desarrolló la filosofía One Village One Product ("un pueblo, un producto"), valorizando productos y conocimientos tradicionales pero combinando con conocimientos modernos. Se trata de territorios y sociedades rurales que combinan tradición, conocimientos y experiencias locales con conocimientos científicos y tecnológicos de avanzada, para generar nuevos procesos, productos y soluciones a los problemas del mundo rural. Esta es una situación que se va potenciando gracias al uso de internet y a las nuevas formas de comunicación.

sea posible acceder a una educación de calidad en todos sus niveles, que sea disparadora de nuevas oportunidades productivas y de desarrollo humano. En el mundo rural deben florecer la ciencia, el conocimiento crítico e instrumental, la literatura, las artes, los idiomas, que les permitan a sus jóvenes y a la población toda disponer de herramientas y oportunidades para crear nuevos itinerarios de vida en sus territorios. Es claro que las condiciones territoriales de baja densidad y baja cantidad de población limitan la libre disponibilidad de infraestructuras y equipamientos para construir ámbitos académicos de excelencia. No obstante, en este nuevo período histórico, la implementación de mecanismos más flexibles de educación a distancia, la descentralización de los centros de investigación y desarrollo y de las universidades, sumados a la expansión del acceso a internet, contribuirán a la construcción de este escenario de mayores niveles de formación educativa en los territorios rurales.

3. Territorios con un poblamiento equilibrado

Aunque en los últimos años comenzó un lento proceso de renacimiento rural que beneficia a algunos lugares del país, el vaciamiento demográfico fue un fenómeno característico del campo argentino en el último medio siglo. Entre éxodo y renacimiento se van tejiendo dinámicas demográficas complejas que son muy diferentes según las zonas.

Más allá de estas dinámicas contradictorias, la imagen que caracteriza al modelo deseado es la de un territorio rural donde la población vive y permanece –en las chacras, las colonias, los parajes rurales, los pueblos o las pequeñas ciudades vecinas–, distribuida según las características ambientales y productivas de cada región. Un territorio del que no es necesario migrar porque ofrece condiciones de empleo y generación de ingresos para que las personas puedan construir un proyecto de progreso personal, trabajando en las actividades agropecuarias, el comercio, la industria y los servicios. Un territorio del que no es necesario partir porque las condiciones del hábitat, la disponibilidad de agua, electricidad, telefonía, internet, escuelas cercanas, servicios básicos de salud, seguridad y conectividad garantizan una buena calidad de vida.

En síntesis, lo rural puede ser un territorio de llegada, de permanencia y de arraigo de la población.

En el modelo deseado hacia el futuro, se espera un aumento de la población que resida en el campo gracias a las mejores condiciones de conectividad, pero también se espera una consolidación del poblamiento en pueblos y pequeñas ciudades con altos niveles de dotación de infraestructuras y equipamientos. Así, de un modelo de concentración de la población en ciudades medianas y grandes, como en la etapa de la modernización de los últimos cuarenta años, se podrá pasar a un modelo de mayor dispersión, con una diversidad de formas de poblamiento que dependerán de las características propias de cada región. Es evidente que en este nuevo modelo, las ciudades más grandes son y seguirán siendo dinamizadoras de sus territorios de influencia y las responsables de liderar procesos de innovación y cambio regional. La premisa clave, como lo demuestra la experiencia internacional,[2] es que para que existan áreas rurales dinámicas con población se requieren ciudades innovadoras, y para que existan ciudades dinámicas las zonas rurales de influencia deben ser ricas y diversas. Se requiere entonces reconfigurar la relación entre el campo y la ciudad, reemplazando la lógica de vaciamiento rural y acumulación urbana por una que potencie el desarrollo de ambos.

De este modo, en el escenario deseado de futuro rural para la Argentina, los campos, los parajes, los pueblos y las pequeñas ciudades mantienen o enriquecen su población y contribuyen a reducir los históricos problemas de congestión urbana y a la construcción de territorios más equilibrados y armónicos. El renacimiento y florecimiento de pequeños pueblos en la zona norte de Avellaneda (Santa Fe), en el centro de la provincia de Córdoba, en los valles Calchaquíes (Salta), en el suroeste de la provincia de Buenos Aires, en el corredor de la ruta 14, son algunos ejemplos de revitalización rural y de organización de una red de poblamiento más densa y dinámica.

2. C. Tacoli, "Rural-urban linkages", en C. Tacoli (ed.), *The Earthscan Reader*, Londres, 2006.

4. Territorios con ambientes y paisajes sustentables y resilientes

La lógica económica sustentada en la explotación de los recursos naturales, en el uso de energía fósil y en la carrera vertiginosa de consumo y crecimiento productivo tuvieron un profundo impacto en términos sociales, territoriales y ambientales a nivel global. A tal punto fue así que, a comienzos de 2000, Paul Crutzen acuñó y popularizó el concepto "antropoceno" para dar cuenta de un nuevo período geológico en el que la humanidad se constituye como fuerza geológica, es decir, con la capacidad para transformar los ciclos de la naturaleza.[3] El proceso de degradación ambiental, deforestación de bosques y selvas, contaminación, calentamiento global y pérdida de biodiversidad continúa a pasos agigantados, lo que pone en riesgo no solo a miles de especies animales y vegetales, sino a toda la humanidad. Estas fuertes perturbaciones ambientales legitiman la emergencia del concepto de antropoceno y convocan a pensar y actuar en favor de acciones respetuosas del ambiente bajo una lógica de cuidado, preservación y drástica reducción del consumo de bienes muchas veces innecesarios.

Las zonas rurales de la Argentina no escapan de esta situación. Como vimos, el modelo productivo agropecuario, minero e industrial tuvo un fuerte impacto en términos ambientales. Sin embargo, las prácticas depredadoras y abusivas del ambiente y los recursos no se han detenido. Como lo afirma la carta encíclica *Laudato si* del papa Francisco, la lógica del consumo y el crecimiento se impone a la ética del cuidado ambiental y al cuidado de la casa común que son nuestra tierra, nuestros campos y nuestros pueblos.[4]

Si no se producen modificaciones importantes en la relación con la naturaleza y se avanza hacia nuevas formas de cuidado y ética ambiental, el camino hacia un mejor futuro rural no será posible. Es necesario cambiar las lógicas productivas sustentadas en el uso abusivo de sustancias

3. P. Crutzen y E. Stoermer, "The Anthropocene", *Global Change Newsletters*, 41, 2000: 17-18.

4. Papa Francisco, *Laudato si: carta encíclica sobre el cuidado de la casa común*, Buenos Aires, Conferencia Episcopal Argentina, 2015.

tóxicas, en la deforestación y en la modificación dramática de paisajes y ecosistemas. También deben modificarse las conductas de las personas en el uso de los bienes comunes, poniendo atención en la preservación de la flora y la fauna, reduciendo drásticamente los niveles de consumo innecesarios, la generación de residuos y la huella de carbono, y cuidando los hábitats construidos.

Los territorios rurales deseados hacia el futuro, entonces, son territorios con ambientes, paisajes y hábitats diversos y sustentables, donde sea posible conservar los paisajes propios de cada lugar, en equilibrio con sistemas productivos capaces de crear las condiciones necesarias para la generación de empleo y una buena calidad de vida para su población. Son territorios donde prevalece la idea de resiliencia, de equilibrio natural, de preservación frente a la idea tradicional, propia de la modernidad, de uso y explotación. Algunos valles cordilleranos de la Patagonia, los valles puntanos, áreas de humedales en Corrientes y áreas rurales dentro de zonas protegidas son claros ejemplos de territorios rurales que se valorizan y se mantienen biodiversos y sustentables. También son territorios donde predomina una nueva relación con la naturaleza, en la que esta es entendida no como una dimensión separada de los seres humanos, sino como parte constitutiva de la sociedad, conformando un sistema que se autoalimenta. Así, el hombre construye su devenir junto con la naturaleza y no imponiéndole un proyecto, tal como lo plantea el modelo antropocéntrico.

Se requiere, más que nunca, una actitud disruptiva, pues no se trata de pintar de verde nuestros estilos de vida y sistemas de producción con el mero fin de aliviar nuestras conciencias, como sucedió en las últimas décadas con propuestas cosméticas ligadas a la idea de desarrollo sustentable o de ecomodernismo. Se trata de transformar radicalmente la relación sociedad-naturaleza bajo una ética de cuidado ambiental y de los recursos, evitando una mirada utilitarista de la naturaleza.[5]

5. C. Groves, "Sustainability and the future: Reflections on the ethical and political significance of sustainability", *Sustainability Science*, 14 (4), 2019: 915-924; L. Hunt, "The challenge of economic growth for sustainable production landscapes", *Sustainability Science*, 10 (2), 2015: 219-230.

La construcción de este nuevo escenario es un camino exigente, ya que implica grandes desafíos. Es necesario generar nuevos conocimientos sobre la naturaleza y su relación con las sociedades y las actividades productivas, y movilizar nuevas prácticas en múltiples dimensiones de la vida rural. Por ejemplo, nuevos conocimientos que permitan entender mejor los ciclos de la naturaleza y la multiplicidad de oportunidades que brinda su manejo adecuado. También nuevos desarrollos tecnológicos que posibiliten hacer un uso más eficiente de los recursos, y garanticen la sustentabilidad y el enriquecimiento de ambientes y paisajes bajo el principio de precaución y del respeto por el ambiente y sus ciclos.[6] El desarrollo de la ciencia y la tecnología deberá estar subordinado a la mejora de las condiciones del ambiente.

La disminución del consumo –el pilar sobre el que se construyen las sociedades modernas– debe realizarse bajo una lógica de economía circular basada en la reducción, reutilización y reciclado de productos (reciclado de residuos orgánicos, reutilización de plásticos para la fabricación de nuevos productos, entre otras muchas acciones posibles). También es necesario pensar en la relocalización del consumo, de modo que permita aprovechar los productos locales y de temporada, y suprimir hábitos de consumo innecesarios o irracionales que priorizan productos que recorren miles de kilómetros con una altísima huella de carbono. Las estrategias diseñadas por numerosas localidades para potenciar la producción y el consumo de alimentos locales es una de las alternativas posibles. En los países de altos ingresos, la idea de consumir alimentos producidos localmente –en la huerta del patio de la casa o en las huertas urbanas o de los cinturones periurbanos– ha vuelto a ser considerada una estrategia clave. El auge de las huertas en Alemania, Francia y Suecia, entre otros países, es un claro ejemplo y da muestras claras de un nuevo paradigma de producción sostenible de alimentos. Toda la población de la Argentina, especialmente la población rural que dispone de una superficie mínima de tierra, tiene condiciones de producir sus propias hortalizas y otros alimentos básicos, mejorando claramente su situación alimentaria

6. F. Adloff y S. Neckel, "Futures of sustainability as modernization, transformation, and control: A conceptual framework", *Sustainability Science*, 14 (4), 2019: 1015-1025.

y reduciendo su dependencia del mercado. Sin embargo, aunque la producción local y doméstica de alimentos siempre fue un *modus vivendi* en las áreas rurales, hay que reconocer que esta práctica ha sido denostada y considerada una práctica arcaica y tradicional, opuesta a los dogmas de la modernidad y el mercado.

También habrá que adoptar nuevas formas de planificar el hábitat construido –especialmente en los pueblos y las pequeñas ciudades– mediante el diseño de planes de ordenamiento que propicien la consolidación de pueblos y ciudades verdes o ciudades bosques, donde la naturaleza sea cuidada como parte vital de la vida, donde se reduzcan los conflictos por los usos del suelo, se garantice la disponibilidad de espacios comunes y se establezca una relación armónica con las actividades agropecuarias.[7] La creación de zonas periurbanas con barreras forestales y espacios de recreación y de producción de alimentos orgánicos en numerosos pueblos de la provincia de Córdoba es una muestra de cómo se pueden articular estrategias combinadas de ordenamiento territorial, ambiental, productivo y recreativo.

En términos de vivienda y de equipamiento social es necesario pensar en soluciones innovadoras, como la ecoconstrucción. Ejemplos de estas innovaciones son las numerosas viviendas que se construyen sobre la base de materiales locales, pero con tecnologías más modernas y sofisticadas, en numerosos lugares del país como los valles Calchaquíes, los valles patagónicos, las sierras cordobesas y las zonas rurales cercanas a la región metropolitana de Buenos Aires.

Un aspecto clave es el tratamiento de los residuos domiciliarios y de la producción: es imprescindible reducirlos drásticamente y emplearlos en usos alternativos o en la elaboración de nuevos productos (energía, biomateriales, etc.).

También es fundamental la reducción del consumo energético –especialmente de energía fósil– y la creación de nuevos mecanismos de generación de energía.

7. I. Bohnet y R. Beilin, "Pathways towards sustainable landscapes", *Sustainability Science*, 10 (2), 2015: 187-194.

Por último, es necesario diseñar nuevas formas de gobernanza de los recursos, el paisaje y los territorios. Este constituye el mayor desafío, porque implica que la sociedad recupere el control de la gestión de la naturaleza y los recursos en función de un proyecto de futuro, y evite que sean sometidos a la mercantilización y a la lógica del aprovechamiento económico por parte de pocos actores o empresas. La consolidación de nuevos modelos de gobernanza exige la formación de una nueva cultura ambiental, posible a partir de una educación que apunte a la sensibilización frente al ambiente y la naturaleza.

5. Territorios con infraestructura y servicios organizados según una lógica de calidad de vida y arraigo

Más allá de los graves problemas de pobreza urbana, en cualquier ciudad de la Argentina una familia vive su cotidianeidad rodeada de un conjunto de bienes y servicios que hoy son considerados esenciales: servicio eléctrico, agua potable, en muchos casos infraestructura cloacal, conexión telefónica, teléfonos celulares e internet. Además, puede desplazarse en vehículos particulares o en el transporte público, enviar a sus hijos a una escuela cercana y acceder a un centro asistencial, un hospital o una clínica. Ante la ausencia o las dificultades para acceder a algunos de estos servicios se originan reclamos, manifestaciones y potenciales crisis, ya que todos ellos son considerados fundamentales para la vida y el desarrollo personal. Es lo que actualmente se considera como la economía fundamental.[8]

8. La economía fundamental, desarrollada inicialmente por economistas de la Universidad de Manchester, se centra en el análisis de servicios de salud, educación, vivienda, servicios públicos y provisión de alimentos. Dichos servicios son considerados el motor del bienestar y la calidad de vida ya que son necesarios para la vida cotidiana y son consumidos a diario, independientemente del nivel de ingresos de la población. La economía fundamental aparece como una rama de la economía de suma importancia para entender la problemática de los servicios en el mundo rural y el estado de inequidad con respecto a las ciudades.

Pero, como hemos visto, cientos de miles de familias que viven en las áreas rurales no cuentan con muchos de esos servicios o cuando acceden a ellos su prestación es deficiente. Así, los bienes y servicios que en cualquier ciudad argentina son elementos básicos para asegurar una mínima calidad de vida, en las áreas rurales a menudo son considerados bienes de lujo o inaccesibles. La dotación de servicios, entonces, muestra una profunda diferenciación en las oportunidades de desarrollo humano entre el medio urbano y el rural, y coloca a muchos habitantes de las áreas rurales en la condición de ciudadanos sin derechos.[9]

Las causas de estos déficits en la provisión de infraestructura, equipamiento y servicios son múltiples. El principal argumento que se plantea frente a esta situación sostiene que dotar de energía eléctrica, agua, caminos rurales transitables, educación de calidad, servicios de salud, etc., a una población escasa distribuida en grandes extensiones o pequeños pueblos tiene un costo per cápita muy elevado en comparación con lo que ocurre en las ciudades. La persistencia de esta argumentación indica la preeminencia de un discurso y una política sectorial de corto plazo sobre una política territorial de largo alcance. Aunque la argumentación fiscal es entendible, no solo desconoce los derechos de millones de personas, sino que se sustenta en una visión cortoplacista que no tiene en cuenta el alto costo que implica la concentración y la congestión de población en las principales ciudades del país. Es cierto que la creación y el mantenimiento de infraestructura y equipamiento en las áreas rurales –especialmente en las zonas de muy baja densidad poblacional– puede resultar más costosa en el corto plazo, pero garantiza el acceso a los servicios a la población que los requiere y tiene un impacto sustancial en términos de mejora de la calidad de vida, aumento de la producción y arraigo rural. Por otro lado, el costo fiscal, social y ambiental de la infraestructura en zonas altamente congestionadas puede ser mucho

9. Sobre la importancia de las infraestructuras en torno al desarrollo del mundo rural, ver los trabajos de J. Escobal, "Access to public infrastructure, institutional thickness and pro-poor growth in rural Peru", *Journal of International Development*, 23 (3), 2011: 358-379, y World Bank, *Infraestructuras rurales en Argentina: diagnóstico de situación y opciones para su desarrollo*, Buenos Aires, 2007.

mayor en el mediano y largo plazo: si las inversiones no se acompañan de proyectos eficaces de ordenamiento territorial tienden a generar nuevas concentraciones y un mayor nivel de congestión que requerirán nuevas inversiones para resolverlas. Las autopistas urbanas, la construcción de defensas para enfrentar posibles inundaciones y otras grandes obras de infraestructura son un claro ejemplo de infraestructuras que en pocos años se muestran insuficientes para resolver los problemas para los cuales fueron creadas.

Por otra parte, el argumento fiscal olvida que garantizar la prestación de servicios y la dotación de infraestructura y equipamiento a las zonas rurales es un deber moral y constitucional, y resulta indispensable para mejorar la calidad de vida y generar dinámicas virtuosas de desarrollo productivo que se traduzcan en un mayor equilibrio territorial. La ausencia de infraestructura y equipamiento en las zonas rurales también obedece a razones político-electorales: es más redituable emprender obras en las zonas de mayor población, donde se dispone de un mayor caudal electoral que permitiría garantizar la continuidad en el poder.

Teniendo en cuenta estas consideraciones, los territorios rurales deseados a futuro se caracterizarían por la presencia y dotación de infraestructura, equipamiento y servicios de calidad, adaptados a las condiciones ambientales y a las bajas densidades, asegurando la calidad de vida de la población, su progreso económico y, en consecuencia, el arraigo rural. Se podrá discutir qué tipos de infraestructura crear y bajo qué mecanismos, pero no la necesidad de proveerla.

Hay varios elementos a considerar. Es imprescindible asegurar el suministro de energía eléctrica que garantice el acceso a la iluminación, al uso de equipos de comunicación e informática y de herramientas de trabajo, etc. En segundo lugar, la provisión de agua potable constituye un factor clave en la mejora de la calidad de vida y en el control de diversas enfermedades. En tiempos en los que las comunicaciones e internet son herramientas fundamentales para el desarrollo y la mejora de las condiciones de vida y la producción, la prestación de servicios de telefonía e internet resultan imprescindibles: permiten acceder a información, a numerosos servicios y a oportunidades de educación, producción y contactos sociales a pesar de las distancias. Así, asegurar el acceso a internet por banda ancha también es un aspecto esencial para consolidar el proceso de renacimiento rural, ya que el teletrabajo –y, como consecuencia, la posibilidad de captar población joven– depende de la calidad de esos servicios. La conectividad es otro factor muy importante: la ausencia de caminos –o su intransitabilidad– limita cualquier posibilidad de progreso y desarrollo en las áreas rurales. Se necesitan caminos transitables para atender problemas de salud, llegar a los mercados para comprar y vender productos, o acceder a bienes y servicios culturales. Es indispensable generar estrategias que aseguren el adecuado mantenimiento de las vías de comunicación y garanticen la transitabilidad permanente. La creación de consorcios camineros muestra un camino posible.[10] También deben ser sustancialmente mejorados los servicios de educación y salud. Si bien en las últimas décadas se han hecho grandes esfuerzos en la dotación de equipamiento educativo y sanitario, las profundas diferencias en la calidad de estos servicios, con respecto a muchas ciudades, persisten.

En definitiva, en el mundo rural deseado, la infraestructura, el equipamiento y los servicios deben garantizar las mismas oportunidades de desarrollo humano que las ciudades. Esto no excluye que deban ser pensados en función de las características del propio ambiente rural para no generar un impacto indeseado y para no reproducir en un entorno rural los modelos de infraestructura propios de las ciudades.

6. Territorios con sistemas productivos innovadores y diversificados

Los territorios rurales del futuro se caracterizan por contar con sistemas de producción y empleo mucho más diversificados e integrados por densas tramas de actividades, sobre la base del aprovechamiento de los recursos naturales, en torno a una nueva agricultura, la bioeconomía, el

10. La experiencia de los consorcios camineros de la provincia de Córdoba es un buen ejemplo en la materia (ver Asociación de Consorcios Camineros de la Provincia de Córdoba, http://www.accpc.com.ar), o también la experiencia de los consorcios camineros de la provincia del Chaco.

sector manufacturero y artesanal, y los servicios. Estos sistemas de producción y generación de empleo aprovechan el dinamismo actual demostrado por la agricultura argentina y la nueva revolución científica y tecnológica en la biología que se avizora para las próximas décadas, lo cual posiciona a los territorios rurales como territorios estratégicos para crear nuevos productos y empleos de calidad.[11]

Estos modelos de producción deberán ubicarse en la vanguardia de la innovación sociotécnica y de gestión, permitiendo superar la instancia de producción primaria básica y avanzar hacia procesos de agregado de valor y generación de productos sobre la base de la calidad, la inocuidad y la identidad territorial de los productos, y bajo una lógica de economía circular. Así, se trata de sistemas de producción que además de garantizar el crecimiento y la diversidad de los productos, pueden a su vez contribuir a un mayor anclaje de la renta, a mejorar las condiciones de vida rural y al desarrollo más integral de los territorios rurales. *Diversidad, redes, innovación, diálogo de saberes, sostenibilidad* y *economía circular* son las palabras claves del modelo productivo deseado.

Los actores claves de estos sistemas de producción y empleo ya no son solo los grandes productores de carácter empresarial, en gran parte responsables del dinamismo productivo de las últimas décadas, sino todo un entramado social compuesto por dichos productores, por la agricultura familiar, artesanos, industriales, tecnólogos, prestadores de servicios en general. Cada uno de estos actores tienen fortalezas y capacidades específicas que colaboran en la construcción del dinamismo productivo. El supuesto sobre el que se basa este modelo productivo ya no es la competencia y la exclusión, sino la cohabitación, la coexistencia, la cooperación

11. La definición de nuevos escenarios y modelos de desarrollo productivo en las áreas rurales tiene larga data. Organismos internacionales como FAO, FIDA, o también el BID y el Banco Mundial han generado diferentes propuestas. En nuestro caso, la propuesta de un mundo rural más diversificado, complejo, con una densa trama de actores y actividades interrelacionadas, bajo un estricto paradigma de sustentabilidad ambiental y anclaje local se sustenta en numerosos autores latinoamericanos; ver por ejemplo M. Piñeiro *et al.*, *Agricultura y desarrollo en América Latina: gobernanza y políticas públicas*, Buenos Aires, Teseo, 2013, o también IICA, *Desarrollo rural en las Américas, 2019-2020*, San José de Costa Rica, 2020. En el caso de otras experiencias, esta propuesta ha sido claramente modelizada por T. Marsden y F. Farioli, "Natural powers".

y la complementariedad entre actores diferentes, pero convergentes en términos de ideas y propuestas de futuro para los territorios rurales. Para ello deberá realizarse un esfuerzo de concertación y búsqueda de objetivos compartidos en cada territorio.

Diversos sectores productivos son claves en este modelo productivo rural.

La agricultura y la ganadería deberán tornarse mucho más sustentable, resilientes y autónomas, con muchos más encadenamientos virtuosos y de calidad, apelando para ello al desarrollo de nuevas prácticas productivas y tecnologías en los diferentes sectores, tanto de la agricultura comercial de mayor escala, como de la agricultura familiar, clave en la producción de alimentos (frutas, hortalizas, productos de origen animal, entre otros).

La bioeconomía está llamada a jugar un rol clave en el futuro, aprovechando la revolución de las ciencias de la vida mediante la generación de bioinsumos, bioproductos y nuevas formas de aprovechamiento de los desechos de los recursos biológicos. Una bioeconomía apoyada en las necesidades de los territorios y de los diferentes tipos de actores productivos, superadora de la lógica tecnocrática y elitista centrada en el monopolio de las grandes empresas biotecnológicas, tal como ha sido denunciado en muchas ocasiones en Europa y Estados Unidos.[12] La Argentina tiene excelentes condiciones para hacerlo, dado su potencial científico y tecnológico, el carácter emprendedor de su gente, y la disponibilidad y diversidad de recursos naturales. Más allá de las diferencias en términos de desarrollo organizacional y fortaleza económica, la experiencia reciente y las lecciones aprendidas sobre el desarrollo de la bioeconomía en Finlandia, Alemania y Nueva Zelanda son ejemplos a considerar.[13]

12. Al respecto, el informe publicado por la Unión Europea es claro sobre esta derivación de la bioeconomía. Ver E. Mills, *The Bioeconomy: A Primer*, Ámsterdam, Transnational Institute-Hands on the Land, 2015.

13. Federal Ministry of Food and Agriculture (BMEL), "National Policy Strategy on Bioeconomy", 80, 2014; S. Haarich, "Bioeconomy development in EU regions: final report", Bruselas, European Commission, 2017.

También los sectores manufacturero y artesanal desempeñarán un rol importante en la estructuración y dinamización de la economía rural, especialmente mediante el procesamiento de productos de base biológica, en las mismas zonas rurales, contribuyendo a crear una matriz artesanal e industrial en el medio rural, superadora del modelo de industrialización tradicional de grandes escalas y fuerte concentración urbana.

Finalmente, los servicios constituirán un sector emergente clave en las áreas rurales tanto por la diversificación de las actividades ligadas a una nueva agricultura, la bioeconomía y el sector de transformación como por la emergencia de nuevas actividades vinculadas a una economía residencial producto de la complejización de la vida rural y los procesos de renacimiento rural. De este modo, los pueblos y las pequeñas ciudades no solo prestarán servicios básicos al campo, como lo han hecho a lo largo de la historia; los servicios se constituirán en un sector mucho más complejo y sofisticado, que sirva a una sociedad rural más rica y diversa, con nuevas demandas a nivel de servicios personales, educativos, de sanidad y de apoyo empresarial, entre otros.

Este modelo productivo más diversificado y complejo implica mejorar y modernizar la producción existente, especialmente las economías más rezagadas en términos tecnológicos, generar productos con mayor valor agregado y productos no tradicionales, y fortalecer los encadenamientos virtuosos entre ellos. Se trata de salir de la lógica de la cadena sectorial (centrada en uno o dos productos básicos, como el trigo y la soja, por ejemplo) para construir un sistema de tramas complejas y multiformes de actividades y empleos, donde aparezcan proveedores de insumos y actividades de transformación más diversas (molinos, fábricas de aceites, servicios profesionales, servicios de mantenimiento industrial y de fabricación de maquinarias). En el modelo de desarrollo productivo, las tramas de actividades productivas, articuladas entre sí mediante redes de cooperación y de conocimiento e innovación, tienen la capacidad de dinamizar y enriquecer la vida rural en forma sistémica. La diversidad de actividades puede sostener de mejor modo la vida local, ya que, a diferencia de los modelos productivos más homogéneos basados en pocos productos, reduce la dependencia de un mercado o un producto y la vulnerabilidad frente a condiciones climáticas adversas. Así, los territorios que cuenten con productos agropecuarios y forestales, servicios productivos y empresariales complejos, oferta turística, producción artesanal y servicios para la economía residencial dinámicos, entre otros, tendrán una mayor capacidad para construir itinerarios de desarrollo que los territorios que solo se dedican a uno o dos productos con una trama de comercios y servicios que dependen de ellos.

La innovación y la educación son claves, ya que la creación de sistemas productivos más diversos, ricos y complejos requiere mayores y nuevos conocimientos y tecnologías para producir con altos niveles de calidad e inocuidad o para desarrollar productos bioeconómicos más complejos (productos farmacéuticos, alimentos nutracéuticos, biomateriales, nuevos productos derivados, entre otros). La innovación y la capacitación deben estar al servicio de la trama productiva del territorio y organizarse en función de las demandas del conjunto de los actores, en lugar de concentrarse en dos o tres productos controlados por actores externos.

La sustentabilidad también será un tema clave hacia el futuro, por dos grandes razones. En primer lugar, porque es imprescindible preservar las condiciones ambientales y mejorar la calidad de vida rural. En segundo lugar, porque los productos de mayor calidad e inocuidad serán claves en la geopolítica mundial de producción de bienes agropecuarios y alimentos en un futuro cercano. Las experiencias innovadoras en varias provincias argentinas con producción extensiva agroecológica, agroforestal o con cultivos de servicios son la muestra de que es posible construir un itinerario sociotécnico más sustentable, generando productos de mayor calidad en el mediano y largo plazo.

Se trata, por lo tanto, de un modelo de producción y valorización de los recursos que privilegia la desconcentración de los procesos y recursos productivos, la densificación y articulación de actores muy diversos, la diversificación y complejización de las tramas productivas, y la autonomía de los actores. Claramente esta propuesta intenta superar el modelo de modernización que se caracterizó por la concentración productiva, la homogeneización de actividades y la dependencia de decisiones externas a los territorios.

7. Territorios con tierra y agua gestionados para garantizar la sostenibilidad social y productiva

Como vimos, en las últimas décadas se desarrolló un proceso de concentración de recursos productivos –como la tierra y el agua– mediante compras o apropiaciones indebidas.[14] Muchos organismos nacionales e internacionales,[15] además de numerosas ONG, han advertido sobre las graves consecuencias que estos procesos de concentración y acaparamiento de tierras y agua tienen en términos sociales, culturales, de pérdida de población, de deterioro de los recursos y de reducción de oportunidades de diversificar las economías locales y generar empleo.

Más allá de las recomendaciones planteadas por los organismos internacionales,[16] desde diferentes ámbitos vinculados a la agricultura empresarial se suele argumentar que las tierras que se fueron ocupando y concentrando alcanzaron altos niveles de producción como consecuencia de las inversiones realizadas y su puesta en producción, generando alimentos para el mundo y empleo local. Si bien esto es cierto, también lo es que estas mismas tierras en manos de otros actores con menor escala o superficie productiva, y con un adecuado sistema de soporte, contribuyen en mayor medida al desarrollo de los territorios rurales que los sistemas más concentrados. En América Latina, África y Asia existen evidencias empíricas que sustentan esta afirmación y sostienen que una distribución más equilibrada de la tierra, con tenencia segura para el desarrollo de la agricultura, es un factor importante en cualquier proceso de desarrollo rural: consolidan el arraigo, reducen los costos de infraestructura

14. Un análisis más profundo de las dinámicas de tierras fiscales en la Argentina puede observarse en M. Sili y S. Li, "Las tierras fiscales en la Patagonia argentina, un viejo problema irresuelto", *Huellas*, 16, 2012: 54-77, y M. Sili y L. Somoulou, *La problemática de la tierra...*

15. Los organismos más representativos en este tema han sido FAO, FIDA, Banco Mundial, BID, Banco Africano de Desarrollo, entre otros.

16. La FAO y la Cepal han elaborado numerosos estudios sobre los impactos indeseables que tiene el proceso de acaparamiento y concentración de tierras en América Latina. Algunos estudios claves en este sentido son Cepal, FAO e IICA, *Perspectivas de la agricultura...*, L. Guardia y L. Tornarolli, "Boom agrícola y persistencia de la pobreza...".

y servicios, permiten aumentar la producción y mejorar los ingresos y la calidad de vida rural. En definitiva, la igualdad de oportunidades y la regulación eficaz de recursos como la tierra y el agua constituyen la base de una mayor producción de alimentos y riqueza, y los fundamentos de un mayor progreso humano.

Sobre la base de la experiencia internacional, el modelo de futuro rural propuesto plantea la idea de territorios con tenencia segura de la tierra y el agua, especialmente por parte de los agricultores más pequeños, de manera que puedan sostener sistemas de producción en condiciones justas. Más allá de las buenas intenciones, se trata de una tarea política y técnica colosal que requiere que cualquier intervención en torno a la regulación y distribución de la tierra y el agua debe ser diseñada según la región y el tipo de actores involucrados. Las políticas y los proyectos sobre la tierra deben apuntar a la solución definitiva de las condiciones de irregularidad –especialmente desde el punto de vista de la tenencia– en la que se encuentran miles de pequeños productores. A veces, estos producen en tierras fiscales, como ocurre en las provincias de Río Negro, Neuquén, Chubut, Salta y Catamarca; en banquinas sobre las rutas, como en el Chaco, o en tierras con títulos irregulares, como en Salta, Jujuy, Santiago del Estero, Córdoba y Chaco. En todos estos casos los agricultores se exponen a situaciones altamente conflictivas y se ven amenazados por el avance de la frontera agraria y el desalojo de parte de grandes empresas que cuentan con mayor poder económico y político para enfrentar procesos judiciales de muy largo plazo. Para resolver estos problemas es necesario terminar con los condicionamientos que limitan una adecuada regulación y ordenamiento del recurso: la debilidad de las políticas de ordenamiento territorial, la falta de sistemas de información de calidad, la inexistencia o falta de claridad en los marcos legales, y, muy especialmente, la incapacidad de los gobiernos para administrar y regular la tierra debido a su baja capacidad técnica y en particular a la falta de voluntad política.

Una situación similar ocurre con el agua. La Argentina es un país en el que cerca de dos tercios de su superficie productiva se encuentra en regiones áridas o semiáridas, donde es necesario complementar las necesidades hídricas con riego. Muchos de esos territorios carecen de mecanismos eficaces de administración y control del agua debido a la debilidad institucional, a conflictos políticos o a choques de intereses entre los diferentes actores. Generalmente, las empresas más grandes o con mayor capacidad económica, técnica y política se apropian de los mayores volúmenes de agua, tanto superficial (ríos, arroyos, acequias, lagunas) como de las napas freáticas mediante diferentes sistemas de bombeo. Como lo demuestra la experiencia en muchas regiones del país, esta situación afecta a los agricultores de menores recursos y profundiza aún más la brecha en las oportunidades de producir. Para fortalecer el arraigo y los equilibrios territoriales es importante consolidar políticas y prácticas de gestión del agua más democráticas que garanticen el acceso al agua y el cumplimiento de las normativas.

Cualquier proyecto de intervención requiere la puesta en marcha de procesos de ordenamiento y desarrollo territorial en función de un proyecto compartido de futuro. De este modo, la administración y la regulación de los recursos tierra y agua cobran sentido a partir del modelo de desarrollo que se plantea la sociedad local, y no solo para satisfacer las necesidades de crecimiento de una actividad sectorial a nivel nacional.

8. Territorios con capacidad de construir sus propias dinámicas de desarrollo

Milton Santos ha hecho una clara distinción entre tipos de territorios según su capacidad de generar u obedecer órdenes y acciones. Así, existen los territorios del mandar y los territorios del hacer.[17] Los primeros determinan los ritmos de la economía y la sociedad, dictaminan y definen los hechos, las normativas y el destino de los recursos. Estos son generalmente las grandes ciudades capitales, los centros financieros, los lugares donde se toman las decisiones políticas. Los territorios del hacer son aquellos donde ocurren los hechos productivos, donde se realizan las actividades definidas por los territorios del mandar. Históricamente,

17. M. Santos, *La naturaleza del espacio: técnica y tiempo, razón y emoción*, Barcelona, Ariel, 2000.

la Argentina rural fue un territorio del hacer, donde se concretaban los hechos productivos definidos en otro lado, como Buenos Aires, las capitales provinciales o los grandes centros internacionales de toma de decisión (Londres, Nueva York, Washington y actualmente también Shanghái y Beijing). Como consecuencia, los territorios rurales no han sido autores de su propio destino. Así, gran parte de los problemas del mundo rural de la Argentina se relacionan con la imposibilidad de las sociedades locales para diseñar e implementar un proyecto de desarrollo propio, a la medida de sus deseos y sus propuestas. En otras palabras, las sociedades locales son rehenes de lógicas y dinámicas que muchas veces les son ajenas: habitan un territorio, cuyo futuro a menudo depende de lo que deciden otros.

Frente a esta realidad, los territorios rurales deseados son aquellos que poseen la capacidad de gestionar su propia organización y sus dinámicas de desarrollo en un contexto de creciente complejidad e integración de redes. Territorios que pueden definir su futuro, sus políticas, sus acciones, y construir sus propios mecanismos de gobernanza aprovechando las oportunidades que les brindan el diálogo y la articulación con otros niveles político-administrativos y otros actores locales y globales mediante una sólida diplomacia territorial. Estos territorios, democráticos, con proyectos de futuro, asumen sus problemas y su realidad, y los transforman en función de las estrategias planteadas por su gente, por sus propios deseos, y no a partir de los designios de empresas, mercados, oficinas públicas y personas externas al territorio.

Asumir el diseño del futuro y generar los mecanismos para construirlo implica abandonar una postura simple y confortable de esperar que lo hagan los gobiernos provinciales o nacionales o que algún actor, empresa, emprendimiento o actividad resuelva los problemas.[18] En estos territorios, los hombres se constituyen en ciudadanos plenos, protagonistas de su futuro.

18. J. Beuret y A. Cadoret, "Ensemble pour gérer le territoire: quand l'initiative locale complète ou corrige l'action publique", *Colloque de* ASRDLF *"Territoires et action publique territoriale: nouvelles ressources pour le développement régional"*, Rimousky, agosto de 2008, 1-17.

No se trata de una tarea imposible; por el contrario, las dinámicas de descentralización de las últimas décadas y la soledad en la que se encuentran los gobiernos locales en materia de políticas de apoyo al desarrollo estimularon la generación de una multiplicidad de iniciativas locales orientadas al propio desarrollo. Más allá de la mayor o menor eficacia de estas iniciativas, es importante observar la idea de que el futuro también debe construirse desde lo local, sin ignorar la interdependencia con los procesos globales, pero asumiendo la responsabilidad sobre las dinámicas de cambio. Si bien el gobierno nacional y los provinciales deben marcar rumbos, diseñar políticas estructurales y brindar apoyo estratégico, son las sociedades y los gobiernos locales los que deben aportar la energía, el método y el sentido del futuro.

5. Una agenda para la innovación, el renacimiento y el desarrollo de los territorios rurales

¿Cómo construir estos territorios rurales deseados? ¿Cómo valorizar las innovaciones y los elementos emergentes? ¿Qué estrategias poner en marcha para aprovechar el dinamismo y la riqueza del mundo rural? Naturalmente, no hay una respuesta única a estos interrogantes ni recetas infalibles para resolverlos. Pero sí es posible afirmar que la construcción de un nuevo modelo de organización y desarrollo de los territorios rurales requiere políticas y prácticas diferentes de las que los llevaron a la situación actual. Es indispensable diseñar políticas territoriales amplias, que vayan más allá de lo estrictamente agropecuario y contemplen la creciente complejidad de las formas de organización y las dinámicas sociales y productivas de los espacios rurales.

Cualquier propuesta para construir un nuevo escenario rural podría incluir una larga lista de acciones posibles: impulsar la agricultura, ampliar los servicios, mejorar las políticas fiscales, expandir el acceso al agua, detener el proceso de deforestación, mejorar los sistemas educativos, resolver el problema de la conectividad, entre muchas otras. Si bien será necesario resolver todos estos problemas, creemos que es necesario pensar en estrategias más innovadoras, sostenidas en nuevas ideas y en acciones que aprovechen y consoliden las dinámicas emergentes, lo que se está moviendo, lo que los actores locales generan día a día en la vasta geografía rural argentina. En otras palabras, es necesario pasar de un enfoque centrado en listados de problemas a un enfoque centrado en fortalecer las iniciativas de desarrollo emergentes, para poder transformarlas en dinámicas permanentes, capaces de cambiar la organización y la dinámica de los territorios rurales. Esta propuesta puede entenderse, entonces, como una estrategia de promoción y acompañamiento de la innovación que aproveche el ingenio y las energías de la sociedad.

A continuación se plantean cuatro grandes ejes de trabajo. Estos no son exhaustivos; al contrario, comprenden un conjunto limitado de acciones, pero sumamente estratégicas, en el sentido de que tienen la capacidad de potenciar las dinámicas y procesos que ya están en marcha en los territorios rurales. Estas acciones podrían tener la capacidad para abrir el camino a la construcción de un nuevo modelo de mundo rural.

1. Construir un nuevo modelo de planificación y gobernanza del desarrollo

Como hemos manifestado anteriormente, las políticas e iniciativas para generar un mayor desarrollo de los territorios rurales no han dado los resultados esperados; los problemas rurales persisten o se agravan a pesar de los múltiples esfuerzos realizados durante décadas a través de planes, programas y proyectos de diversos tipos y organismos. Indudablemente se requiere repensar y modificar las formas de planificar, promover y gestionar el desarrollo en los territorios rurales, pero se debe evitar emprender el camino hacia el futuro a partir de los viejos paradigmas de planificación centralizada y vertical, dependientes exclusivamente del Estado, como sucedió en las últimas décadas. Hay que trabajar bajo nuevas formas y mecanismos compatibles con una sociedad mucho más compleja, más democrática, en el contexto de una revolución tecnológica sin igual. Será necesario promover un nuevo modelo de planificación y gestión del desarrollo, que integre a los múltiples actores que operan en diferentes escalas políticas y administrativas, desde lo local a lo global, generando consensos básicos sobre el futuro, definiendo estrategias en diferentes escalas, programando en forma más eficiente las acciones, creando nuevas capacidades de gestión, organizando la acción local y coordinando las múltiples iniciativas que tienen lugar en el mundo rural actual. Si bien pueden proponerse una gran cantidad de acciones en torno a la mejora de la gobernanza del desarrollo rural, hay dos acciones que son claves.

1) Definir una estrategia y un plan nacional de desarrollo de los territorios rurales. Es imprescindible definir una estrategia y un plan nacional de desarrollo de los territorios rurales convocante y plural, que señale claramente los objetivos de largo plazo y el modelo de desarrollo que se pretende hacia el futuro. Aunque es una tarea técnica, se trata ante todo de una acción de fuerte contenido político, ya que en definitiva se trata de generar una mayor certidumbre frente al futuro. Reflexionar sobre qué tipo de territorios se pretende construir, y elaborar un plan y una estrategia de nivel nacional y en cada provincia, favorece la sinergia y el trabajo conjunto entre múltiples actores. Esto a su vez cual permite ordenar los recursos, aplicar mejor los instrumentos disponibles brindando más eficacia a las múltiples iniciativas de miles de actores involucrados en el mundo rural, y coordinar en forma más efectiva las acciones de corto, mediano y largo plazo, generando previsibilidad y un sentido claro de futuro entre los actores involucrados.

Pero, para lograr esto, es necesario construir una cultura de la gestión territorial en la que participen el Estado en sus diferentes niveles, las organizaciones de la sociedad civil y el sector privado, creando herramientas, instrumentos y sobre todo una mayor conciencia en la sociedad sobre la necesidad de planificar metas de largo plazo. Claramente este objetivo implica un cambio paradigmático a nivel político: pasar de una lógica política (muchas veces clientelar) de construcción de poder en el corto plazo hacia una lógica que apunte al diálogo y el desarrollo del territorio.

La definición e implementación de una estrategia nacional de desarrollo para los territorios rurales no debería ser potestad de un ministerio de agricultura, como ha sucedido históricamente, ya que siempre predominó la idea de que lo rural es solo sinónimo de agricultura. Al contrario, una estrategia rural es una tarea colectiva y transversal en la cual deberían participar las provincias, los municipios, múltiples organismos gubernamentales, organizaciones de la sociedad civil y de los sectores productivos, organismos científicos y tecnológicos, y universidades, bajo una metodología colaborativa.

2) Crear, gestionar y animar redes de actores e instituciones. Otro desafío clave será lograr el involucramiento de todas las voces. Especialmente la de aquellos para quienes pensar el futuro es una utopía, ya que ni siquiera pueden vivir el presente en condiciones dignas, porque carecen de un trabajo o no llegan a satisfacer sus necesidades básicas. Hay que abrir la participación y el trabajo conjunto con las organizaciones de la sociedad civil y el sector privado, ya que, si bien es el Estado, mediante sus normas y recursos económicos, el que define las condiciones estructurales para el desarrollo de los territorios rurales, los actores privados y colectivos son los sujetos naturales del territorio. Es necesario pensar en la formación de nuevas redes que estimulen la vinculación y la cooperación entre múltiples actores –de diferentes escalas y niveles organizacionales– a partir de las cuales se puedan generar acciones y proyectos compartidos. Las redes permiten conectar personas, iniciativas, proyectos, recursos y oportunidades, superando la rigidez que generan los modelos gubernamentales sectoriales. En América Latina existe abundante evidencia sobre la capacidad de las redes de personas, empresas y organismos para motorizar innovaciones y proyectos. Las empresas u organizaciones que logran vincularse con otras empresas, con otros territorios, con otras organizaciones logran aprovechar mucho mejor las nuevas oportunidades. Del mismo modo, los territorios rurales que se articulan con otros territorios u otros organismos o empresas mediante estrategias de cooperación son los que tienen mayores oportunidades para generar nuevas dinámicas. Esto no solo se refiere a grandes empresas u organizaciones complejas y estructuradas; por el contrario, se trata de un modo de acción centrado en la construcción de vínculos que pueden derivar en una asociación, una nueva acción o un nuevo proyecto. Así, por ejemplo, la creación de la Red de Valles de Altura en las provincias de Salta y Jujuy incluye a numerosos actores públicos, como el INTA y los municipios, que se vinculan con organizaciones campesinas, organizaciones no gubernamentales y otros actores no locales para generar proyectos en forma conjunta que ninguno de ellos podría encarar por sí mismos. Otro ejemplo es el de las iniciativas bioeconómicas de muchos emprendedores o empresas que se vinculan con el Consejo Nacional de investigaciones Científicas y Técnicas (Conicet), con otros organismos de ciencia y tecnología o universidades para generar proyectos productivos. A nivel internacional existen múltiples experiencias de construcción de redes, muchas de ellas estructuradas mediante diferentes programas, como las coaliciones territoriales en Perú, los grupos de acción local (GAL) en Europa, y los comités o asociaciones municipales en Nicaragua y la Argentina. Abonar y promover una nueva cultura de redes, de vinculaciones, de cooperación implicará necesariamente formar y capacitar a los agentes públicos, extensionistas, promotores y agentes de desarrollo en torno a nuevos instrumentos, lógicas y formas de trabajo. Dentro de esta estrategia, un elemento clave es el involucramiento de los jóvenes rurales. Hoy si bien existen diferentes iniciativas por parte del gobierno y de las organizaciones del sector agropecuario, no hay iniciativas estructurales, sólidas y de alto impacto para favorecer el involucramiento de jóvenes rurales, lo cual podría constituir una estrategia central en la renovación de los mecanismos de gobernanza y desarrollo. Una iniciativa estructural para el futuro es entonces el diseño de una estrategia nacional de apoyo e involucramiento de la juventud rural en las agendas de futuro.[1]

2. Educar, innovar y crear una nueva cultura rural

El segundo gran conjunto de acciones se refiere a la construcción de una nueva imagen y cultura del mundo rural, sostenidas por la innovación y las nuevas formas de educación rural. Es necesario pensar nuevamente el mundo rural, reconstruir el sentido de pertenencia y generar capacidades que permitan diseñar nuevos itinerarios de desarrollo. En este proceso, la juventud rural debe desempeñar un rol protagónico.[2]

Hay varios desafíos en este sentido. Hay que permitir que la ruralidad de la Argentina pueda pensarse nuevamente, discutirse, replantearse, desde otros lugares, con la multiplicidad de los actores que viven y trabajan en lo rural.[3] Para ello es imprescindible darles voz a los habitan-

1. S. Barcellos, "A formulação das políticas públicas para a juventude rural no Brasil e os elementos constitutivos desse processo social", *Mundo Agrario. Revista de estudios rurales*, 16 (32), 2015: 4-32.

2. M. Dirven, "Expectativas de la juventud y el desarrollo rural", *Revista Cepal*, 55, 1995: 123-138.

3. M. Baños, "Nueva ruralidad desde dos visiones de progreso rural y sustentabilidad: economía ambiental y economía ecológica", *Polis*, 34, 2013: 1-13.

tes de esta vasta geografía rural argentina, quienes desde hace décadas permanecen invisibilizados. En segundo lugar, hay que impulsar nuevas dinámicas de capacitación y creación de conocimiento para que los jóvenes puedan desarrollar nuevas aptitudes, mejorar la comprensión crítica de los procesos sociales, generar nuevas ideas e innovaciones. La educación debería abrirles las puertas al mundo y no mantenerlos aislados en los pequeños pueblos o ciudades donde viven. Finalmente, la discusión sobre la ruralidad y la mejora de la educación deberá acompañarse con la generación de innovaciones y soluciones concretas para el desarrollo, en el amplio sentido del término, tanto para aquellos pobladores que se encuentran en los márgenes del Chaco salteño o en la meseta patagónica como para el productor agropecuario del centro pampeano.

Existen diferentes acciones posibles que apuntan al logro de esos objetivos.

1) Diálogo rural, una constelación de ideas y debate rural. Hay que generar espacios de debate, foros, cátedras abiertas, seminarios temáticos y redes de reflexión para presentar y discutir los problemas de la Argentina rural, de sus actividades, sus modos de vida, sus problemáticas y el futuro. Deberían ser espacios de diálogo, innovadores, abiertos al cambio, que permitan pensar en nuevas soluciones para los viejos problemas. Las organizaciones productivas, sociales y ambientales del mundo rural, las universidades con sus sistemas de extensión, los municipios y los organismos técnicos del Estado pueden ser determinantes en la creación de estos espacios, con una amplia participación social que incluya a actores de cada rincón del país. Estos espacios de debate sobre los territorios rurales y su futuro podrían convertirse en caja de resonancia de los problemas y las soluciones posibles para el desarrollo de estos territorios, y ser además el espacio de difusión y sensibilización de una nueva mirada sobre lo rural, que permita superar la perspectiva restrictiva y peyorativa que hoy se tiene del mundo rural.

2) Renovar la cultura y la identidad rural. Hay que trabajar en la renovación de la cultura y la identidad rural. Hay que reemplazar las viejas representaciones, peyorativas, que posicionan a lo rural como el lugar del retraso, el abandono y el aburrimiento, por nuevas representaciones sociales, centradas en las fortalezas, la diversidad y la riqueza del mundo rural y su patrimonio, que permitan construir una identidad revalorizada y genuina de la que millones de argentinos puedan sentirse parte. Se trata claramente de sacar lo rural del lugar del atraso y posicionarlo como el lugar de construcción del futuro para los jóvenes, ya que serán ellos los responsables de su construcción. Tres temas parecen claves. En primer lugar, hay que sacar la cultura rural y sus manifestaciones más clásicas del recuerdo y del evento, resignificando y revitalizando todas sus manifestaciones. Así, la música, las artes, el patrimonio gastronómico, la literatura, las tradiciones locales, las formas de vida y de relación con la naturaleza deben ser reasumidas como prácticas de nuestras vidas cotidiana, que contribuyen claramente al progreso humano y social. En segundo lugar, es necesario dejar de pelear contra nuestra historia y nuestras tradiciones y formas de vida, para asumirlas como valores propios, que nos distinguen y dan sentido a la vida. Por último, será necesario construir nuevas miradas sobre lo rural, mostrando cómo estos espacios son lugares de innovación, de creación, de progreso humano, de futuro.

Será fundamental para ello diseñar estrategias de comunicación innovadoras, y descentralizadas, desde los jóvenes, con el aporte de las redes sociales, difundiendo valores y experiencias de lo rural. Esta comunicación deberá mostrar claramente cómo existen itinerarios y posibilidades reales de progreso en el mundo rural y cómo ese progreso es posible gracias a la existencia y el desarrollo de una cultura rural propia. Este constituye un gran desafío cultural y comunicacional. La constelación de redes para el debate de ideas, internet, el sistema educativo, la juventud rural, las organizaciones ruralistas y el mundo de las comunicaciones son claves para potenciar este cambio de representaciones de lo rural y para construir una identidad rural revalorizada, capaz de abrir claramente las puertas al futuro.

3) Fortalecer la educación a distancia y la alfabetización digital. En un escenario caracterizado por las grandes distancias y las dificultades para llegar a las escuelas –agravado por la crisis de covid-19– es imprescindible un fuerte desarrollo de la educación virtual, que permita a los jóvenes acceder a una mayor oferta formativa, no disponible físicamente en las áreas rurales. Existen múltiples oportunidades de educación en diferentes temáticas, y bajo diferentes metodologías que podrían ser implementadas en las zonas rurales, permitiendo a los estudiantes acceder a niveles de formación y conocimientos semejantes a las que tienen los estudiantes en las ciudades. Para ello es necesario garantizar dos elementos clave. En primer lugar, la disponibilidad de energía eléctrica en las escuelas rurales y en los hogares y el acceso a internet, deficitarios en la Argentina de hoy. En segundo lugar, la alfabetización digital de la población rural, especialmente de los jóvenes para que puedan acceder efectivamente a las nuevas tecnologías y a las oportunidades que se generen. La educación virtual es una aliada clave en la construcción de nuevas capacidades en las zonas rurales.

4) Ruralizar la formación y la generación de conocimiento e innovación. Además de pensar en el desarrollo de la educación virtual, es necesario también replantear el despliegue territorial de la oferta universitaria y de centros de formación en el medio rural. Esto no significa crear nuevas universidades en cualquier lado, con presupuestos escasos y capacidades limitadas; se trata de diseñar formas novedosas de articular los centros de estudio existentes con los municipios y las organizaciones intermedias del mundo rural con el objetivo de que las posibilidades de formación disponibles en los grandes centros urbanos también lo estén en las áreas rurales. Del mismo modo, es fundamental reconsiderar la oferta formativa en función de las estrategias territoriales, del modelo de desarrollo deseado en cada región, y no ofrecer las mismas carreras en todas las zonas rurales. Nuevamente, el acceso a internet y la creación de campus virtuales serán fundamentales en esta tarea.

En forma paralela es necesario pensar en la descentralización y la creación de centros científicos y tecnológicos temáticos –dependientes de organismos nacionales o de empresas, pero en estrecha relación con municipios, provincias y organizaciones del mundo de la producción en diferentes partes del país– con el objeto de generar soluciones a los problemas locales. La experiencia internacional muestra que la investigación científica y tecnológica puede originar circuitos virtuosos en las áreas rurales, especialmente si los centros de investigación y desarrollo se localizan en ellas atendiendo a sus problemáticas, pero manteniendo una fuerte vinculación con las redes globales de ciencia y tecnología. Esto es así no solo para el desarrollo agropecuario –como las estaciones experimentales del INTA, por ejemplo–, sino también para los procesos bioeconómicos emergentes (laboratorios y centros de investigación públicos y privados), para la gestión de la naturaleza (centros de investigación en recursos naturales y gestión ambiental) y para el desarrollo sociocultural y la valorización del patrimonio. La localización y el desarrollo de centros científicos y tecnológicos en las áreas rurales tendría un doble impacto: permitiría generar los conocimientos necesarios para el desarrollo social, económico y cultural, y revitalizaría la dinámica social y demográfica local debido al establecimiento de científicos e investigadores, lo que contribuye a la construcción de una identidad valorizante de lo rural. Así, muchos lugares, especialmente pueblos y pequeñas ciudades, podrían enriquecer su perfil de desarrollo, dejando de ser localidades dedicadas solo a la provisión de servicios ligados a la producción agropecuaria para convertirse también en centros de desarrollo científico y tecnológico generadores de numerosas oportunidades para el desarrollo de su propio territorio y de ámbitos regionales más amplios. En muchas localidades donde existen estaciones experimentales del INTA o centros de investigación del Conicet u otros organismos nacionales e internacionales se han generado dinámicas sinérgicas entre desarrollo científico y desarrollo territorial.

5) Diseñar e implementar una estrategia nacional de innovación rural. En forma complementaria al redespliegue territorial de las capacidades de formación y generación de nuevos conocimientos científicos y tecnológicos, si se quiere avanzar hacia un nuevo paradigma de desarrollo de los territorios rurales, es imprescindible potenciar la innovación y la generación de nuevos conocimientos científicos y tecnológicos, pero apuntando al conjunto del mundo rural, y no solo al campo productivo. Para ello será necesario construir una *estrategia nacional de innovación rural*; es decir, un programa de trabajo en el que el sector público, privado y las organizaciones rurales puedan compartir incentivos, programas y redes científico-tecnológicas, en función de las necesidades de innovación de los territorios. La innovación y la generación de conocimientos deberá enfocarse en la resolución de problemas y en la creación de nuevas dinámicas de progreso en los diversos campos de la vida rural. En el campo productivo, generando nuevos conocimientos e innovaciones para la mejora de la producción. En el campo social, generando nuevos conocimientos sobre las dinámicas sociales y culturales propias del mundo rural, con el objetivo de diseñar políticas y propuestas más eficaces para el cambio. También habrá que hacer un esfuerzo enorme en torno al desarrollo de las ciencias de la vida y la gestión de los recursos naturales, un tema clave hacia el futuro, de manera de garantizar la sustentabilidad ambiental.

La puesta en marcha de una estrategia nacional de innovación rural debe involucrar a los múltiples actores y a los diferentes sectores, las pymes, el sector artesanal, los servicios, la valorización del patrimonio biocultural, entre otros. Permitirá, además, articular e integrar en forma más efectiva a todos los organismos científicos y tecnológicos y el mundo de la producción, y construir mejores mecanismos de extensión y transferencia tecnológica, de manera que los conocimientos estén más adaptados a diferentes escalas, sistemas productivos y lógicas de funcionamiento.

3. Organizar y equipar los territorios rurales

Muchos de los problemas estructurales del mundo rural se relacionan con las formas como se distribuye su población, se gestionan los recursos y se organizan las actividades y las infraestructuras y equipamientos. Habrá que volver a pensar y organizar los territorios rurales. Pensar en la forma de gestión de los recursos, en las formas de creación de las infraestructuras, en la organización de sus asentamientos, pero todo ello en función de proyectos de progreso personal y colectivo y no solamente en función de la maximización de la producción agropecuaria. Para ello se proponen tres grandes ejes estratégicos de acción, claramente vinculados unos con otros.

1) Poner en marcha planes de ordenamiento territorial. Los gobiernos provinciales y locales deben avanzar en el diseño de planes de ordenamiento territorial (POT). Estos planes deberán centrarse en los siguientes aspectos: la planificación y la regulación del uso del suelo con el fin de evitar conflictos entre diferentes actividades, tanto en el campo como en las localidades; la definición de acciones y estrategias para proteger y mejorar las condiciones paisajísticas, y de esta manera mejorar las condiciones de vida de la población y la generación de nuevas oportunidades para el turismo rural. También se deberá planificar adecuadamente la dotación de infraestructura y equipamiento en función de la distribución de la población y las tendencias de crecimiento. Se deberán definir las formas de organización y desarrollo del hábitat construido, especialmente de pueblos y pequeñas ciudades, orientando las zonas de crecimiento, los usos del suelo y las estrategias de tratamiento de los residuos. Además, los planes deberán guiar las estrategias de regulación de la tenencia y organización de la tierra. Los POT deberán seguir tres premisas básicas.

En primer lugar, tienen que apuntar a un mayor equilibrio urbano-rural, reduciendo los procesos de congestión, por un lado, y de vaciamiento, por otro. Se trata de orientar el territorio argentino hacia un modelo polinuclear, más equilibrado y con menores niveles de congestión. Esta propuesta es la base de una mayor eficiencia territorial y económica de la Argentina. A partir de una estructura territorial polinuclear –conformada por redes de pueblos y ciudades de distinto tamaño, distribuidos en forma más equidistante y equilibrada en el territorio– es posible potenciar el desarrollo de las áreas rurales dada la cercanía a mercados más dinámicos y la prestación más efectiva de servicios. Un elemento crítico será la discusión y la definición de los niveles densificación de los asentamientos y las infraestructuras, o bien se avanza hacia un modelo de más densificación y concentración de población en pueblos de cierta talla, garantizando una mejor dotación de bienes y servicios, o bien se avanza hacia un modelo de mayor dispersión, que podría penalizar la dotación de bienes y servicios, pero podría abrir las puertas a otro tipo de actividades productivas. Esta discusión deberá ser planteada en función de cada territorio y cada región, de acuerdo con las condiciones geográficas y las estrategias de desarrollo rural.

Los planes de ordenamiento deberán orientar a los territorios rurales hacia escenarios de mayor sustentabilidad, resiliencia y valor ambiental. Se trata de salir del modelo de modernización y conquista de la naturaleza para construir territorios donde la naturaleza y el hombre evolucionen en una relación más simbiótica y sinérgica. Esto implica un mayor aprovechamiento de la biomasa, implementar modelos productivos que reduzcan el impacto ambiental y la huella de carbono, pensar en nuevas formas de organización de los pueblos y pequeñas ciudades con una mayor integración ambiente-espacio, utilizar materiales sustentables en la construcción e implementar formas de reutilización y reducción del consumo, especialmente de plásticos y otros materiales de alto impacto ambiental.

En tercer lugar, los POT deben apuntar a la reducción de los riesgos y la vulnerabilidad de las zonas rurales. Hay que poner énfasis en la adopción de medidas de prevención, especialmente ligadas a inundaciones, incendios forestales, deslizamientos de laderas, contaminación, entre otros. Estas acciones permitirían limitar la degradación ambiental, reducir sustancialmente los altos costos económicos que significan las catástrofes naturales y antrópicas y, finalmente, mejorar la calidad de vida de los pobladores.

Para el diseño de estrategias de ordenamiento territorial será imprescindible fortalecer sustancialmente la capacidad de planificación en las provincias y en los municipios. Algunas acciones clave para alcanzar ese objetivo son la creación de equipos técnicos y áreas de planificación que actualicen la normativa ambiental y territorial, y la puesta en marcha de procesos participativos que garanticen que la planificación no se transforme en una actividad tecnocrática, sino que sea un espacio de debate sobre el tipo de territorios deseados.

2) Crear planes de infraestructura rural de largo plazo. Es necesario avanzar con una agresiva política de creación de infraestructura y equipamiento que permita generar las condiciones mínimas de sostén en el medio rural y crear oportunidades reales de arraigo y de mejora de la producción y el empleo. Un camino para lograrlo es el diseño de planes locales de construcción de infraestructura y equipamiento de mediano y largo plazo, evitando las prácticas anárquicas de provisión de infraestructuras y equipamiento en función de las posibilidades de relaciones políticas que puedan tener los intendentes u otros actores locales. Los gobiernos provinciales, junto a los municipios, las sociedades de fomento y las organizaciones productivas, deberían definir en forma participativa y consensuada, con una visión de largo plazo, planes de dotación de infraestructura y equipamiento. Estos planes deberán ser definidos en función de las estrategias de ordenamiento y desarrollo de los territorios rurales, con un claro criterio de reducción de riesgos y de mejora del paisaje. Deberían abarcar diversos aspectos, como la mejora del acceso al agua potable, la provisión de electricidad, la mejora de caminos, la provisión de internet y telefonía, entre otros. También a partir de estos planes locales se deberán definir medidas de desarrollo de los servicios educativos y de salud. Contar con estos planes, consensuados y negociados entre múltiples actores y a largo plazo, permitirá pensar el futuro de los territorios rurales, generando mayores oportunidades para el desarrollo y el progreso de su población.

Otra acción clave será ruralizar la infraestructura y el equipamiento. Las características específicas de los territorios rurales definen parámetros particulares de inversión, tecnología, usuarios, modelos de gestión y de gastos de mantenimiento. Por eso es imprescindible crear y gestionar la infraestructura, el equipamiento y los servicios considerando estas condiciones de ruralidad. De lo contrario, es posible que se produzcan grandes desajustes entre las obras realizadas y las necesidades reales de la población. Por ejemplo, en muchos territorios rurales se pavimentan caminos o calles donde no hay población o se promueven asentamientos humanos donde no se dispone de acceso al agua. Esto sucede debido a la ausencia de una planificación adecuada, porque existe un sesgo urbano en el diseño de la infraestructura y el equipamiento, o por mera conveniencia política electoral. Ruralizar la infraestructura y el equipamiento también implica pensar las tarifas de los servicios para no penalizar aún más a la población dispersa o a la que vive en localidades, quienes, dada la baja densidad o escala del mercado, deben afrontar costos considerablemente mayores a los de la población urbana. La reducción de los costos de los servicios rurales es una clara estrategia de equilibrio territorial y reduce los incentivos de la población para migrar a las zonas urbanas. Para lograr un mayor desarrollo de la infraestructura y el equipamiento será necesario promover el desarrollo de proveedores locales, pequeñas empresas y cooperativas que puedan invertir en forma segura y estable en la prestación de esos servicios. Son ellas las que llegan a los rincones más alejados del país, que las grandes empresas transnacionales de comunicaciones desatienden por falta de interés económico.

3) Regularizar y garantizar una gestión eficiente de los recursos tierra y agua. La tercera estrategia para organizar en forma más eficaz los territorios rurales es la regulación del acceso a la tierra y al agua. Mediante el ordenamiento territorial no solo se trabaja en la definición de usos posibles según criterios de sostenibilidad ambiental; también deben atenderse en forma urgente y a través de campañas provinciales de magnitud las problemáticas de la regularización de la tenencia de la tierra, promoviendo la titulación definitiva de miles de agricultores que, después de vivir durante décadas en tierras fiscales, no logran acceder al dominio ni a la tenencia segura de sus tierras. También es fundamental regularizar situaciones informales en zonas críticas, donde existen numerosos conflictos relacionados con la tierra debido a situaciones legales irregulares. Muchas veces estos conflictos no se pueden resolver por la falta de recursos disponibles de parte de los agricultores para afrontar los procesos judiciales, y sobre todo por la ausencia de interés político. Como lo demuestran numerosas experiencias y estudios internacionales, sin tierra y derechos garantizados y sin ingresos genuinos producto de la actividad productiva no es posible pensar el desarrollo en los territorios rurales.

Lo mismo ocurre con la administración y la gestión del agua. A pesar del imaginario colectivo que piensa a la Argentina como un país cubierto por vastas praderas, lo cierto es que alrededor de dos tercios del territorio nacional corresponden a zonas áridas o semiáridas que requieren riego para la producción agrícola. Esta situación origina numerosos conflictos entre los múltiples actores que compiten por el agua. Para solucionar estos problemas no basta con crear nuevas zonas de riego o construir represas; también es necesario perfeccionar los mecanismos de gobernanza del agua en las diferentes regiones, mejorando las regulaciones y los derechos de agua sobre la base de estrategias concertadas localmente.

4. Modernizar y diversificar los sistemas productivos

El último tema clave en la agenda de construcción de los territorios rurales del futuro es la modernización y diversificación de los sistemas productivos, en todos los sectores y para todos los tipos de actores sociales. Es imperativo construir una matriz productiva más moderna, innovadora, diversa y compleja para poder generar riqueza, empleos y especialmente oportunidades de mejora de la calidad de vida rural. Varios objetivos de desarrollo sectorial deben tenerse en cuenta.

Hay que potenciar el desarrollo del sector agropecuario, las iniciativas bioeconómicas y la compleja red de actividades y encadenamientos productivos. Pero no se puede pensar solamente en el aumento de la producción; es necesario pensar más estratégicamente, en vistas de las nuevas condiciones y demandas de los mercados globales, y de las necesidades del mundo rural y del país en su conjunto. Hay que promover el pasaje del modelo productivo agroindustrial hacia un nuevo paradigma de agricultura más sustentable y competitiva, guiado por una nueva forma de relación con la naturaleza más simbiótica y respetuosa, capaz de abrir las puertas al futuro y a las nuevas demandas ambientales y de consumo. Para lograrlo resulta fundamental apelar al desarrollo de innovaciones y tecnologías, de nuevos conocimientos enfocados en la sostenibilidad y la circularidad de la economía, utilizando para ello el enorme bagaje científico-tecnológico disponible, el conocimiento tradicional local, el diálogo de saberes y las capacidades organizacionales e institucionales disponibles en el país.[4] De este modo será posible producir bienes

4. R. Pyburn y J. Woodhill, *Dynamics of Rural Innovation: A Primer for Emerging Professionals*, Ámsterdam, Centre for Development Innovation Wageningen University y Research Centre, 2014; X. Yin, J. Chen y J. Li, "Rural innovation system: Revitalize the countryside for a sustainable development", *Journal of Rural Studies*, 1, 2019.

de origen biológico de alta calidad e inocuidad, lo que le permitirá a la Argentina garantizar su soberanía alimentaria y desempeñar un rol más importante en los mercados mundiales en las próximas décadas. Dentro de este marco hay que hacer una mención especial al desarrollo de la agricultura familiar: la complejidad de los problemas que enfrenta este vasto sector no se resuelven desde una perspectiva de supervivencia, mediante el otorgamiento de subsidios, la entrega de algún equipamiento o semillas, situaciones que muchas veces cristalizan y mantienen a los productores en situaciones de pobreza rural. Al contrario, se requieren políticas mucho más estructurales y de largo plazo, que resuelvan los factores que impiden su desarrollo, como el acceso a la tierra, al agua, a la infraestructura, al financiamiento, a la tecnología productiva, a los mercados y a la capacitación. Los esfuerzos deberán estar puestos en el aumento de la producción y los ingresos, la mejora de la calidad de vida y el fortalecimiento de la identidad y la autonomía de un sector históricamente postergado.[5]

El desarrollo de los servicios en las áreas rurales, especialmente en las pequeñas ciudades y pueblos, será fundamental hacia el futuro, pues ellos serán los responsables del aumento de la productividad y de la generación de nuevas ideas y proyectos. Todas las actividades y sectores productivos presentes en el mundo rural requieren cada día de más nuevos y mejores servicios, más complejos, como empresas informáticas, de comercialización y marketing, de mantenimiento industrial, de diseño, de capacitación, de servicios de salud, entre otros. Hay que fortalecer los servicios existentes a través de medidas locales de promoción, pero también es importante pensar en estrategias innovadoras para captar nuevos empresas y emprendedores, sobre todo de aquellos servicios que pueden independizarse de la necesidad de situarse en una ciudad de gran tamaño y pueden desarrollarse en localidades y ciudades más pequeñas, aprovechando

5. Para una mayor comprensión de las políticas necesarias en torno a la agricultura familiar en la Argentina, ver A. Dorward *et al.*, "A policy agenda for pro-poor agricultural growth", *World Development*, 32 (1), 2004: 73-89; F. Eguren, "Agricultores familiars", *Revista Agraria*, 1, 2014; IICA, *Políticas públicas y agriculturas familiares en América Latina y el Caribe: nuevas perspectivas*, 2015; S. Salcedo y L. Guzmán (eds.), *Agricultura familiar en América Latina y el Caribe: recomendaciones de política*, Santiago de Chile, FAO, 2014.

las ventajas de internet. Esto permitirá generar mayores oportunidades de desarrollo y empleo local, y evitar el aumento de costos que provoca la ausencia de esos servicios en las áreas rurales.

Otro sector emergente hacia el futuro que será importante promover será el de los servicios vinculados a la revalorización del patrimonio biocultural, esto es, el patrimonio histórico, la cultura, las tradiciones y las características del paisaje y el ambiente. La gran diversidad biocultural del territorio argentino ofrece múltiples oportunidades para implementar nuevas iniciativas de valorización patrimonial que a su vez pueden generar empleo local. La explotación de sitios turísticos y recreativos, la elaboración de artesanías, la creación o la recuperación de productos gastronómicos y el aprovechamiento de las fiestas locales son solo algunos ejemplos de los numerosos recursos que se han activado y valorizado en diferentes zonas para generar oportunidades productivas y nuevos empleos.

La experiencia en América Latina y Argentina revela que para potenciar y consolidar todos estos sectores productivos no basta con un tibio apoyo desde los municipios y los gobiernos provinciales, como el otorgamiento de subsidios, la construcción de alguna infraestructura o la inclusión de un grupo de productores en un programa nacional de desarrollo rural. Es necesario pensar en estrategias mucho más sólidas, sostenibles a través del tiempo, más sistémicas y coordinadas, que permitan valorizar mejor los recursos públicos y alienten la inversión privada. Tres ideas pueden contribuir a la modernización y diversificación de los sistemas productivos rurales.

1) Definir una estrategia y un plan nacional de desarrollo productivo rural. Una estrategia nacional de desarrollo de los territorios rurales, tal como se ha propuesto anteriormente, debe acompañarse indudablemente con una estrategia productiva, que permita alcanzar mayores logros y resultados en términos de producción, productividad, empleo e ingresos rurales. Si no existe una estrategia clara de desarrollo productivo, con objetivos y metas definidas, con instrumentos operacionales y con mecanismos de financiamiento, el mundo rural seguirá dependiendo de los pulsos y las dinámicas de los mercados de bienes agropecuarios, y de posibles inversiones extranjeras que buscan en la Argentina un proveedor seguro de materias primas. Pensar y definir qué producir, dónde, con qué herramientas de promoción, con qué mecanismos de financiamiento, para qué tipo de mercados, para qué tipo de empleos y bajo qué escalas y lógicas de producción son algunos de los elementos e interrogantes básicos que se deben plantear. Una especial atención deberá plantearse en torno a la realización de grandes proyectos de inversión para producir bienes agropecuarios para la exportación; estas pueden crear nuevas dependencias en el mundo rural, además de tener impactos nocivos por su gran escala. Estos interrogantes y preocupaciones deben ser claramente resueltos en un ambiente de consenso y colaboración entre los diferentes sectores productivos, los gobiernos (nacional, provincial y locales) y los habitantes rurales, guiados por la búsqueda de mayores oportunidades productivas, pero también de mejora de la calidad de vida y la sostenibilidad ambiental. Los productores agropecuarios, los artesanos e industriales, los prestadores de servicios y los comerciantes, entre otros, deberán poder contar y tener claro cuáles son las estrategias nacionales y provinciales a seguir en materia de política productiva, de manera de definir sus propios planes de acción y sus inversiones hacia el futuro. La experiencia demuestra que, a mayor nivel de incertidumbre y de volatilidad de las políticas productivas, mayores son los niveles de concentración de los sistemas de producción, ya que los únicos actores que pueden crecer son aquellos de mayor envergadura o escala, que tienen la capacidad suficiente para financiar y organizar sus sistemas de producción. Así, un mayor nivel de certidumbre y la presencia de instrumentos de promoción efectivos son factores determinantes para mejorar la capacidad de desarrollo de las pequeñas y medianas empresas rurales, y por ende para mejorar las oportunidades de desarrollo de los territorios rurales.

2) Crear pactos productivos locales. En estrecha relación con la estrategia anterior, los territorios rurales de nivel local y microrregional deben crear sus propias agendas de desarrollo económico y productivo de manera de lograr un mayor dinamismo y mejora del empleo rural. Estas agendas pueden ser consideradas como pactos productivos que comprometan efectivamente a los empresarios, los productores, las organizaciones productivas, el sector científico-tecnológico, los municipios y los gobiernos provinciales en torno a objetivos y metas concretas de producción y empleo local. Estos pactos productivos locales (PPL) deberán definir un plan hacia el futuro, y herramientas y propuestas innovadoras para el territorio rural. Deben ser determinados en forma participativa y consensuada a nivel local, pero considerando también las estrategias de competitividad económica sectorial, lo que garantizaría la sostenibilidad económica y financiera. Pero también estos PPL deberían responder a los lineamientos planteados por los planes de ordenamiento territorial locales, de manera de garantizar la sustentabilidad ambiental y la mejora de la calidad de vida local. A través de estos PPL se puede acompañar a los actores locales en el desarrollo productivo; en algunos casos promoviendo, integrando y financiando acciones; en otros, eliminando barreras y limitaciones que inhiben la creación y el despliegue de nuevas actividades. No existe una receta única para resolver todos estos problemas; el modo de acción dependerá de las estrategias que adopte cada uno de los territorios.

En la elaboración de los PPL dos elementos resultan fundamentales. En primer lugar, es necesario lograr un financiamiento estructural de largo plazo que sustente su implementación; una política nacional de desarrollo rural podría contener instrumentos de apoyo a dicha iniciativa. En segundo lugar, se requiere que las múltiples personas y organizaciones locales implicados abandonen una lógica individual y sectorial, y sostengan una de construcción de consensos y desarrollo territorial.

3) Digitalizar la economía rural y promover el teletrabajo. En un país donde gran parte de las zonas rurales carecen de energía eléctrica y de señal de telefonía e internet, plantear un objetivo como este puede parecer una utopía. Sin embargo, el avance hacia un nuevo paradigma productivo requiere la creación de condiciones reales de conectividad para que los habitantes del mundo rural puedan acceder a mayor información, capacitarse a distancia, desarrollar nuevos productos y vincularse con nuevos mercados. A fines del siglo XIX los ferrocarriles estructuraron los territorios rurales, y el modelo de modernización agraria entre las décadas de 1960 y 1980 se estructuró y viabilizó gracias a la disponibilidad de electricidad y rutas pavimentadas. El nuevo modelo de organización y desarrollo del mundo rural lo hará alrededor de la disponibilidad de internet y las comunicaciones. Para ello será necesario convertir internet en un instrumento del desarrollo rural para todos. Reducir la brecha tecnológica y apoyar fuertemente a los habitantes de las zonas rurales más lejanas y con menor conectividad debe ser una prioridad estratégica.

* * *

Más allá de la implementación de estas iniciativas, la creación y el sostenimiento de un tejido productivo rural capaz de generar empleo y arraigo solo será posible con mayores niveles de inversión, con un aumento de la productividad, con la presencia de un clima macroeconómico saludable, con reglas de juego claras y duraderas, y, sobre todo, con una fiscalidad que genere más incentivos a la producción y no la penalice. En un ambiente productivo de fuerte anarquía, fuerte volatilidad y cambio permanente de las políticas, falta de incentivos de inversión y alta presión fiscal, solo podrán prosperar los sectores más concentrados con una mayor capacidad de lobby empresarial, lo que seguirá agravando las dinámicas del mundo rural e impedirá el desarrollo de las nuevas dinámicas emergentes de cambio y desarrollo.

Ideas finales

La Argentina rural ha tenido una historia compleja, signada por diferentes etapas, políticas y dinámicas. En esa historia sobresale un elemento clave: el mundo rural siempre tuvo un papel estructurante y dinamizador de la economía nacional gracias a las divisas generadas por la exportación de bienes primarios, agropecuarios, pero también mineros, forestales, pesqueros.

En las últimas décadas, el mundo rural argentino vivió una profunda transformación que combinó dos grandes fenómenos. Por un lado, un extraordinario crecimiento productivo, en todas las regiones y en diferentes sectores, impulsado por los nuevos sistemas de gestión, la innovación tecnológica, los buenos precios internacionales de las materias primas y la expansión sobre nuevas tierras, entre otros factores. Por otro lado, desaparecieron miles de pequeñas explotaciones, se degradaron las condiciones ambientales en muchas áreas rurales y se mantuvo el éxodo de miles de personas de los campos y los pueblos. La ausencia de estrategias claras de desarrollo para los territorios rurales y de mecanismos de ordenamiento fueron clave para mantener esta situación.

Esta dinámica de progreso productivo y de crisis rural no fue producto del azar. Por el contrario, fue la consecuencia de las políticas implementadas durante muchas décadas, que responden a la lógica cultural derivada del viejo modelo de sustitución de importaciones, que piensa el desarrollo como el resultado de la industrialización y la urbanización. Es decir, un modelo en el que los territorios rurales constituyen un ámbito cuya única función es ser proveedor de productos que permitan generar divisas para sostener el proceso de industrialización, el crecimiento urbano y las finanzas públicas. Bajo este modelo, los territorios rurales son considerados el patio trasero de la Argentina, con escasa capacidad de progreso humano frente al mundo urbano e industrial. Esta consideración niega e invisibiliza lo rural como un territorio donde construir proyectos de vida.

Pero, tal como lo argumentamos en estas páginas, en la Argentina se está produciendo un quiebre histórico. La generación de nuevas dinámicas e innovaciones permite pensar que nos hallamos frente a un nuevo modelo posible de desarrollo de los territorios rurales capaz de articular modernización y desarrollo productivo con identidad, arraigo y calidad de vida. Así, se están produciendo diversos cambios paradigmáticos en la relación sociedad-naturaleza, en la ciencia y en la tecnología. Emergen nuevos hábitos y formas de consumo, demandas por espacio y seguridad, formas de relación con el territorio y sentidos de pertenencia e identidad. Aparecen nuevas estrategias de producción y valorización de los recursos naturales y culturales (cadenas de valor, bioeconomía, agroecología, entre muchas otras iniciativas). Estos elementos contribuyen a modificar la imagen que la sociedad argentina tiene sobre lo rural y su gente, y tienen el potencial para transformar el mundo rural y construir otro modelo posible. A lo largo de estas páginas hemos intentado identificar algunas ideas fuerza que podrían caracterizar este nuevo modelo posible de organización y desarrollo de los territorios rurales.

Un primer elemento es la consolidación de una nueva identidad rural, renovada, moderna, valorizante, desprovista del sesgo aristocrático o populista que invadió lo rural en las últimas décadas. Una identidad que deberá sustentarse en el reconocimiento de que en los territorios rurales es posible construir itinerarios de desarrollo personal y colectivo.

El segundo elemento clave en los territorios rurales del futuro es la capacidad de innovación, entendida esta no solo como innovación científica y tecnológica, sino también social y cultural, como la capacidad de una sociedad para crear soluciones a los problemas de la vida rural. Los territorios rurales deben ser recuperados como territorios donde la innovación viva se expanda, se potencie; como espacios donde la capacitación abra las puertas a nuevos conocimientos y a una mejor comprensión del mundo.

En tercer lugar, lo rural debe ser concebido como un lugar donde la gente pueda vivir, permanecer, arraigarse. No nos referimos a un arraigo forzoso como el que a menudo plantean diferentes políticas y discursos que impulsan a las personas a establecerse en el campo sin los servicios básicos, sin trabajo, en la pobreza, que solo buscan reducir la concentración de población en las ciudades. Eso no es arraigo, es desvalorizar lo rural. Arraigo rural es la libertad y la posibilidad real de las personas de construir un proyecto de vida en sus lugares, sin necesidad de migrar.

El territorio rural deseado es aquel donde sea posible construir una verdadera transición ecológica hacia estilos de vida más sustentables. Donde se concrete una nueva relación sociedad-naturaleza, a partir de la cual hombres y mujeres construyan el futuro *con* la naturaleza y no *sobre* la naturaleza. La creación de ambientes y paisajes más ricos y diversos implica una ruptura paradigmática con el modelo actual de modernización rural. En este sentido, la búsqueda de nuevas formas de producir y consumir, de organizar los territorios y de relacionarse con la naturaleza son parte de la agenda de futuro.

En los territorios rurales deseados la infraestructura y el equipamiento no se organizan a partir de la oferta de los gobiernos provinciales y nacionales, sino de las necesidades reales de la población. Deben ser pensados desde lo rural y para lo rural, de modo que contribuyan efectivamente a la calidad de vida y los proyectos de las personas.

Los territorios rurales del futuro no se sustentan solo en la producción primaria tradicional, sino en una diversidad de actividades de diferentes sectores, lo que presupone una ruptura con el paradigma productivo de la modernización agraria. Así, aparecen sistemas de producción más complejos, enriquecidos por un mayor desarrollo científico y tecnológico, bajo una mirada amplia de la innovación que incluya los recursos biológicos y bioculturales.

Los territorios rurales del futuro requieren nuevas formas de administración y gestión de los recursos, especialmente de la tierra, el agua, la flora y la fauna, guiadas por la planificación territorial y un criterio de resiliencia y sostenibilidad. De este modo se limitan los procesos de acaparamiento y deterioro, y se garantiza el acceso a los recursos de los actores excluidos en función de estrategias locales de desarrollo.

Los territorios rurales del futuro también se caracterizan por su capacidad de gobernanza. Son territorios capaces de construir sus propios proyectos de desarrollo, sin depender de las dádivas de políticos o empresarios para solucionar sus problemas. Las sociedades locales se hacen cargo de su futuro, construyendo mecanismos más innovadores de gestión, vinculación institucional, diplomacia territorial, redes y entramados de actores capaces de generar soluciones locales. Una renovada capacidad de gestión del territorio y el futuro permite superar la etapa de la dependencia política y clientelar.

Sin embargo, la construcción de este mundo rural deseado no será posible recurriendo a las viejas formas y estrategias de gestión. Tampoco es el camino la elaboración de una larga lista de problemas o necesidades. Por eso el planteo de cuatro grandes ejes de intervención, que no son exhaustivos, sino puertas de entrada a la complejidad que implica la construcción del mañana. En primer lugar, se necesitan nuevas estrategias y formas de acción de parte del sector público, con una mayor capacidad para favorecer el diálogo y la promoción de procesos innovadores. En segundo lugar, se requiere generar nuevas miradas y capacidades para innovar, para atreverse a pensar en nuevas utopías y escenarios de futuro. En tercer lugar, para garantizar la sustentabilidad ambiental y la calidad de vida de las personas resulta indispensable organizar los territorios, la infraestructura y los hábitats. Finalmente, es necesario modernizar y lanzar los sistemas de producción hacia el futuro, hacia escenarios de mayor calidad, inocuidad y sustentabilidad, de manera que le permitan a la Argentina garantizar su soberanía alimentaria e insertarse en forma competitiva en los mercados globales en el futuro inmediato.

Más allá de estos cuatro ejes, construir el mañana también requiere incubar, proteger y acompañar las nuevas miradas y todos los proyectos emergentes que ya tienen lugar en cada rincón de la vasta geografía rural argentina. Se trata de una labor política mayúscula: un nuevo modelo de organización de los territorios rurales solo puede nacer y perdurar si existen condiciones básicas que deben ser garantizadas por el Estado en sus diferentes niveles de organización política y administrativa, junto con las organizaciones de la sociedad y los miles de hombres y mujeres que apuestan por un futuro rural diferente.

En estas páginas hemos intentado enhebrar algunas ideas y propuestas para construir un futuro rural diferente, superador de la etapa de modernización que, si bien permitió generar riqueza y divisas para el país, no logró construir equilibrios y valorizar lo rural como territorio de vida. Hemos querido mostrar de qué modo los cambios que se suceden a ritmos diversos en la tecnología, las nuevas lógicas de producción y los nuevos vínculos con la naturaleza y los territorios generaron nuevas dinámicas que abren las puertas a un futuro distinto, que no rechaza los logros de las últimas décadas, sino que los retoma bajo una nueva mirada y una estrategia más sustentable e innovadora.

Si la Argentina no logra avanzar hacia la construcción de un nuevo paradigma de organización y desarrollo de los territorios rurales, el país seguirá siendo, como desde hace más de un siglo, un simple archipiélago de ciudades que crecen, reproduciendo y condensando en sus centros y sus periferias los viejos e históricos problemas.

Pensar los territorios rurales de la Argentina constituirá una nueva épica en la historia nacional, imprescindible para dejar atrás las viejas ideas que piensan lo rural como espacios de retraso y olvido y construir territorios rurales de esperanza, bajo la idea básica, tal como lo señala Roy Hora, de que el mundo rural tiene hoy más insumos y elementos para pensar, soñar y construir el futuro que para lamentar el pasado.[1] Para lograrlo es necesario un fuerte compromiso sobre el futuro rural. Esta es una tarea política y social de envergadura que no puede descansar solo en el Estado, sino que debe involucrar al conjunto de la sociedad argentina, pues sin mundo rural en desarrollo no podrá existir una Argentina con futuro.

1. R. Hora, *¿Cómo pensaron el campo los argentinos? Y cómo pensarlo hoy, cuando ese campo ya no existe*, Buenos Aires, Siglo XXI, 2018.

Bibliografía

Adloff, F. y S. Neckel, “Futures of sustainability as modernization, transformation, and control: A conceptual framework”, *Sustainability Science*, 14 (4), 2019: 1015-1025.

Altieri, M. y C. Nicholls, “Agroecología: única esperanza para la soberanía alimentaria y la resiliencia socioecologica”, *Agroecología*, 7 (2), 2012: 65-83.

Altieri, M. y V. Toledo, “La revolución agroecológica en América Latina: rescatar la naturaleza, asegurar la soberanía alimentaria y empoderar al campesino”, *El Otro Derecho*, 42, 2010: 163-202.

Appadurai, A., *El futuro como hecho cultural: ensayos sobre la condición global*, Ciudad de México, fce, 2015.

Banco Mundial, “Agricultura y desarrollo rural en Argentina: temas claves”, reporte 32763-AR, Buenos Aires, 2007.

Barcellos, S., “A formulação das políticas públicas para a juventude rural no Brasil e os elementos constitutivos desse processo social”, *Mundo Agrario. Revista de estudios rurales*, 16 (32), 2015: 4-32.

Baños, M., “Nueva ruralidad desde dos visiones de progreso rural y sustentabilidad: economía ambiental y economía ecológica”, *Polis*, 34, 2013: 1-13.

Barsky, O. y J. Gelman, *Historia del agro argentino*, Buenos Aires, Sudamericana, 2001.

Berry, B., “The counterurbanisation process: How general?”, en N. Hansen (ed.), *Human Settlement Systems: An International Perspectives on Structure, Change and Public Policy*, Cambridge, Ballinger, 1978, 25-50.

Beuret, J. y A. Cadoret, “Ensemble pour gérer le territoire: quand l’initiative locale complète ou corrige l’action publique”, *Colloque de asrdlf*

"Territoires et action publique territoriale: nouvelles ressources pour le développement régional", Rimousky, agosto de 2008, 1-17.
Bisang, R., G. Anlló, M. Fuchs, J. Lachman y S. Monasterios, *Bioeconomía, cambio estructural, nuevos desafíos y respuestas globales: una ventana de oportunidad para las producciones basadas en recursos naturales renovables*, Buenos Aires, Ministerio de Agricultura, Ganadería y Pesca, 2015.
Bohnet, I. y R. Beilin, "Pathways towards sustainable landscapes", *Sustainability Science*, 10 (2), 2015: 187-194.
Bryden, J., S. Gezelius, K. Refsgaard y J. Sutz, "Inclusive innovation in the bioeconomy: Concepts and directions for research", *Innovation and Development*, 7, 2017: 1-16.
Carrizo, M. y M. Sili, "Desarticulación y fragmentación de iniciativas de desarrollo rural: la experiencia reciente de la provincia se Santiago del Estero, Argentina", *Documentos y Aportes en Administración Pública y Gestión Estatal*, 18 (30), 2018: 43-83.
Cloke, P., "Counterurbanization: A rural perspective", *Geography*, 70, 1985: 13-29.
Cepal, *Complejos productivos y territorio en la Argentina: aportes para el estudio de la geografía económica del país*, Buenos Aires, 2015.
Cepal, fao e iica, *Perspectivas de la agricultura y del desarrollo rural en las Américas: una mirada hacia América Latina y el Caribe 2015-2016*, 2015.
Crutzen, P. y E. Stoermer, "The Anthropocene", *Global Change Newsletters*, 41, 2000: 17-18.
Da Veiga, J., *Cidades imaginárias*, Campinas, Editora Autores Associados, 2002.
Davezies, L., *La République et ses territoires: la circulation invisible des richesses*, París, Seuil, 2008.
Deininger, K., *Políticas de tierras para el crecimiento y la reducción de la pobreza*, Washington, Banco Mundial, 2003.
Dirven, M., "Expectativas de la juventud y el desarrollo rural", *Revista Cepal*, 55, 1995: 123-138.
–, *Nueva definición de lo rural en América Latina y el Caribe*, Santiago de Chile, fao, 2019.

Dorward, A., J. Kydd, J. Morrison y I. Urey, "A policy agenda for pro-poor agricultural growth", *World Development*, 32 (1), 2004: 73-89.
Eguren, F., "Agricultores familiares", *Revista Agraria*, 1, 2014.
Escobal, J., "Access to public infrastructure, institutional thickness and pro-poor growth in rural Peru", *Journal of International Development*, 23 (3), 2011: 358-379.
Fanelli, J., *La Argentina y el desarrollo económico en el siglo xxi: ¿cómo pensarlo?, ¿qué tenemos?, ¿qué necesitamos?*, Buenos Aires, Siglo XXI, 2012.
Federal Ministry of Food and Agriculture (bmel), "National Policy Strategy on Bioeconomy", 80, 2014.
Fernández, V., *La trilogía del erizo-zorro: redes globales, trayectorias nacionales y dinámicas regionales desde la periferia*, Buenos Aires, Siglo XXI, 2017.
Fuenfschilling, L. y C. Binz, "Global socio-technical regimes", *Research Policy*, 47, 2018: 735-749.
Fuenfschilling, L. y B. Truffer, "The structuration of socio-technical regimes: Conceptual foundations from institutional theory", *Research Policy*, 43, 2014: 772-791.
García Bartolomé, J., "Sobre el concepto de ruralidad: crisis y renacimiento rural", *Política y Sociedad*, 8, 1991: 87-94.
Geels, F., "Technological transitions as evolutionary reconfiguration processes: A multi-level perspective and a case-study", *Research Policy*, 31, 2002: 1257-1274.
Gras, C. y V. Hernández, *La Argentina rural: de la agricultura familiar a los agronegocios*, Buenos Aires, Biblos, 2009.
Gray, R., "Practical bioregionalism: A philosophy for a sustainable future and a hypothetical transition strategy for Armidale", *Futures*, 39, 2007: 790-806.
Groves, C., "Sustainability and the future: Reflections on the ethical and political significance of sustainability", *Sustainability Science*, 14 (4), 2019: 915-924.
Guardia, L. y L. Tornarolli, "Boom agrícola y persistencia de la pobreza rural en Argentina", en J. Graziano da Silva, S. Gómez y R. Castañeda (eds.), *Boom agrícola y persistencia de la pobreza rural*, Roma, fao, 2009, 66-102.

GUIBERT, M. y M. SILI, "L'Argentine: expansion agricole et dévitalisation rurale", en M. Guibert e Y. Jean, *Dynamiques des espaces ruraux dans le monde*, París, Armand Colin, 2011, 315-337.

GUIBERT, M., M. SILI, P. ARBELETCHE, D. PIÑEIRO y S. GROSSO, "Les nouvelles formes d'agriculture entrepreneuriale en Argentine et en Uruguay", *Économies et Sociétés*, 10, 2011: 1808-1825.

HAARICH, S., "Bioeconomy development in EU regions: final report", Bruselas, European Commission, 2017.

HORA, R., *¿Cómo pensaron el campo los argentinos? Y cómo pensarlo hoy, cuando ese campo ya no existe*, Buenos Aires, Siglo XXI, 2018.

HUNT, L., "The challenge of economic growth for sustainable production landscapes", *Sustainability Science*, 10 (2), 2015: 219-230.

IICA, *Políticas públicas y agriculturas familiares en América Latina y el Caribe: nuevas perspectivas*, 2015.

–, *Desarrollo rural en las Américas: 2019-2020*, San José de Costa Rica, 2020.

INTA, *Expansión de la frontera agropecuaria en Argentina y su impacto ecológico-ambiental*, Buenos Aires, 2010.

JARAMILLO, E., G. HENRY y E. TRIGO, *La bioeconomía*, Bogotá, Pontificia Universidad Javeriana, 2019.

KITCHEN, L. y T. MARSDEN, "Creating sustainable rural development through stimulating the eco-economy: Beyond the eco-economic paradox?", *Sociologia Ruralis*, 49, 2009: 273-294.

KAY, C., "El desarrollo excluyente y desigual en la América Latina rural", *Nueva Sociedad*, 137, 1995: 60-81.

KAYSER, B., *La renaissance rurale: sociologie des campagnes du monde occidental*, París, Armand Colin, 1990.

KOZEL, A., *La Argentina como desilusión*, Ciudad de México, UNAM, 2008.

MEDINA VÁSQUEZ, J., *Manual de prospectiva y decisión estratégica: bases teóricas e instrumentos para América Latina y el Caribe*, Santiago de Chile, ILPES, 2006.

MACKAY, M. y H. PERKINS, "Making space for community in super-productivist rural settings", *Journal of Rural Studies*, 68, 2019: 1-12.

MARSDEN, T. y F. FARIOLI, "Natural powers: From the bio-economy to the eco-economy and sustainable place-making", *Sustainable Science*, 10, 2015: 331-344.

Mills, E., *The Bioeconomy: A Primer*, Ámsterdam, Transnational Institute-Hands on the Land, 2015.

Murphy, J. T., "Human geography and socio-technical transition studies: Promising intersections", *Environmental Innovation and Society Transitions*, 17, 2015: 73-91.

Papa Francisco, *Laudato si: carta encíclica sobre el cuidado de la casa común*, Buenos Aires, Conferencia Episcopal Argentina, 2015.

Perry, R., K. Dean y B. Brown, *Counterurbanization: Case Studies of Urban to Rural Movement*, Glasgow, GeoBooks, 1986.

Piñeiro, M., R. Barrantes, J. Berdegue, E. Bonilla, D. Elizondo, G. Gordillo y otros, *Agricultura y desarrollo en América Latina: gobernanza y políticas públicas*, Buenos Aires, Teseo, 2013.

Pyburn, R. y J. Woodhill, *Dynamics of Rural Innovation: A Primer for Emerging Professionals*, Ámsterdam, Centre for Development Innovation Wageningen University y Research Centre, 2014.

Rodríguez, A., A. Mondaini y M. Hitschfeld, *Bioeconomía en América Latina*, Santiago de Chile, Cepal, 2017.

Salcedo, S. y L. Guzmán (eds.), *Agricultura familiar en América Latina y el Caribe: recomendaciones de política*, Santiago de Chile, FAO, 2014.

Santos, M., *La naturaleza del espacio: técnica y tiempo, razón y emoción*, Barcelona, Ariel, 2000.

Scherjtman, A. y O. Barsky, *El desarrollo rural en la Argentina: un enfoque territorial*, Buenos Aires, Siglo XXI, 2008.

Schmidt, O., S. Padel y L. Levidow, "The bio-economy concept and knowledge base in a public goods and farmer perspective", *Bio-Based Applicated Economy*, 1 (1), 2012: 47-63.

Secretaría de Gobierno de Ciencia, Tecnología e Innovación Productiva de la Nación, *La bioeconomía como estrategia para el desarrollo argentino*, Buenos Aires, 2019.

Sili, M., "The macroeconomic policy of structural adjustment and their territorial impact in Argentina in the 90s", *Yearbook. Conference of Latin Americanist Geographers*, 21, 1995.

–, "La fragmentation socio-territoriale. Une nouvelle logique de fonctionnement pour le monde rural. Le cas de la Pampa Argentine", *Espace Géographique*, 28, 1999: 289-299.

–, *¿Cómo revertir la crisis y la fragmentación de los territorios rurales? Ideas y propuestas para emprender procesos de desarrollo territorial rural*, Buenos Aires, INTA, 2010.
–, "Rural dynamics in Latin American countries: A contemporary analysis", *Journal of Rural Development*, 37, 2018: 441-456.
–, "Acción territorial y construcción del desarrollo: la experiencia de zonas rurales de la pampa argentina", *Geografía Norte Grande*, 186, 2019: 159-186.
–, "La migración de la ciudad a las zonas rurales en Argentina: una caracterización basada en estudios de caso", *Población y Sociedad*, 26, 2019: 90-119.
–, "Deseos de futuro, intencionalidades y construcción de territorios: la experiencia de zonas rurales en la región chaqueña argentina", *Papeles de Geografía*, 65, 2019: 30-48.
SILI, M., R. BUSTOS CARA y M. GUIBERT, *Atlas de la Argentina rural*, Buenos Aires, Capital Intelectual, 2015.
SILI, M., S. FACHELLI y A. MEILLER, "Juventud rural: factores que influyen en el desarrollo de la actividad agropecuaria, reflexiones sobre el caso argentino", *Revista de Economia e Sociologia Rural*, 54, 2016: 635-652.
SILI, M. y S. LI, "Las tierras fiscales en la Patagonia argentina, un viejo problema irresuelto", *Huellas*, 16, 2012: 54-77.
SILI, M. y L. SOMOULOU, *La problemática de la tierra en Argentina*, Roma, FIDA, 2011.
SLIPAK, A., "Argentina y el debate sobre el modelo productivo: la encrucijada de la reprimarización y las nuevas formas de dependencia", en M. Svampa (ed.), *El desarrollo en disputa: actores, conflictos y modelos de desarrollo en la Argentina contemporánea*, Buenos Aires, Universidad Nacional de General Sarmiento, 2015, 39-66.
TACOLI, C., "Rural-Urban Linkages", en C. Tacoli (ed.), *The Earthscan Reader*, Londres, 2006.
TEUBAL, M. y T. PALMISANO, "¿Hacia la reprimarización de la economía? En torno del modelo extractivo en la posconvertibilidad", *Realidad Económica*, 296, 2015: 55-75.
YIN, X., J. CHEN y J. LI, "Rural innovation system: Revitalize the countryside for a sustainable development", *Journal of Rural Studies*, 1, 2019.
VAN DER PLOEG, J., D. BARJOLLE, J. BRUIL, G. BRUNORI, L. COSTA

Madureira, J. Dessein y A. Wezel, "The economic potential of agroecology: Empirical evidence from Europe", *Journal of Rural Studies*, 2019.
World Bank, *Infraestructuras rurales en Argentina: diagnóstico de situación y opciones para su desarrollo*, Buenos Aires, 2007.